†復刊ライブラリー

風塵社

凡　例

＊（　）は原著のものであり、〔　〕は訳者が言葉を補う場合に用いてある。

＊訳註は巻末に一括してある。

＊「ブハーリン裁判」の位置を確定し、諸関係を明らかにするため、ぜひとも「粛清年表」を通読されたい。

本書は、1972年に鹿砦社から刊行された『ブハーリン裁判』（ソ連邦司法人民委員部／トロツキー編著）を復刊したものである。

復刊に際し、明らかな誤植は改め、一部の用語を現在的に変更している（ソヴェト→ソヴィエト、グルジヤ→グルジアなど）。

現代的な視点からは不適切な表現もあるが、時代性を考慮してそのままとした。


風塵社が本書を復刊することを快くご了承してくださった鹿砦社の松岡利康社長に、心からの謝辞を申し述べる。

ブハーリン裁判　目次

Ⅰ　「右翼派＝トロツキー派連合」公判記録　7

Ⅱ　参考資料・論文　171

Ⅰ

「右翼派＝トロツキー派連合」公判記録

公訴状（要約）

エヌ・イ・ブハーリン（一）
ア・イ・ルイコフ（二）
ゲ・ゲ・ヤゴーダ（三）
エヌ・エヌ・クレスチンスキー（四）
ハ・ゲ・ラコフスキー（五）
ア・ペ・ローゼンゴリッ（六）
ヴェ・イ・イヴァノフ（七）
エム・ア・チェルノーフ（八）
ゲ・エフ・グリンコ（九）
イ・ア・ゼレンスキー（一〇）
エス・ア・ベッソノフ（一一）
ア・イクラモフ（一二）
エフ・ホジャーエフ（一三）
ヴェ・エフ・シャランゴヴィチ（一四）

ペ・テ・ズバレフ(一五)
ペ・ペ・ブラノフ(一六)
エル・ゲ・レーヴィン(一七)
デ・デ・プレトニョフ(一八)
イ・エヌ・カザコフ(一九)
ヴェ・ア・マクシモフ＝ヂコフスキー(二〇)
ペ・ペ・クリュチコフ(二一)

以上の被告は審問によって確認されたところによれば、以下の犯罪活動を実行した。

一、反ソヴィエト国家スパイ行為と祖国裏切

自白によると被告クレスチンスキー、ローゼンゴリツ、ベッソノフらはドイツと、また被告ラコフスキーは日本、英国と、ブルジョア民族主義者被告グリンコ、イクラモフおよびシャランゴヴィチと被告ルイコフはポーランドと裏切関係を結び、外国参謀本部の手先であったことが証明された。また彼らは陳述によると、外国ファシストに領土割譲の企図を有していた。さらに、彼ら反ソヴィエト陰謀団は、外国ファシスト間諜の指令に従い、わが社会主義祖国の各地区で、あらゆる部門に対して、攪乱妨害活動を行ない、戦争時に重要国防企業を爆破しようとしていたことが確認された。

また予審で明らかになったことに加え、被告クレスチンスキー、ローゼンゴリツの自白によると、極東地方に起こった妨害行為は日本間諜とトロツキーの指令によるものである。

また被告シャランゴヴィチ、チェルノーフ、民族主義者イクラモフ、ホジャーエフらは各地区で農工業部門に広く妨害行為を行なった。

また被告グリンコは財政方面で、被告ゼレンスキーおよび消費中央連合会・協同組合に組織せる妨害団とともに、農村における商品流通を故意に閉塞させた。

かかる積極的妨害攪乱作業の組織と同時に、陰謀家どもは、ファシスト間諜の指令に従い、わが国内に一揆叛乱運動を激発させることを任務とし、反ソ干渉戦勃発時に赤軍の背後にあって反ソ武装蜂起を起こそうとした。審問で明らかとなったところでは、クラーク武装蜂起、極東、北カフカーズ、ウズベキスタンなどの武装蜂起の準備は皆、かかる内実のものであった。また被告ブハーリン、ズバレフ、ゼレンスキーの陳述によれば、この目的に沿って、非合法的に活動していたエス・エル党組織と連絡をとった。

以上は、ソヴィエト連邦を敵視する外国のために長年にわたって裏切行為を実行してきた「右翼派＝トロツキー派ブロック」の極悪事の連続である。

二、ソヴィエト国家の有力者、キーロフ、メンジンスキー、クイブゥイシェフ、ゴーリキーの暗殺

「右翼派＝トロツキー派」陰謀団は、スパイ行為、妨害攪乱などをもってするソヴィエト制度の転覆に希望が抱けなくなり、政府、全連邦共産党の指導者に対するテロルの準備を実行に移していった。

被告ブハーリン、ルイコフ、ヤゴーダ、ザポロジェツ、エヌキーゼの審問で認めたところによると、一九三四年十二月一日、トロツキスト＝ジノヴィエヴィスト・テロル合同本部によって行なわれたキーロフ暗殺は「右翼派＝トロツキー派ブロック」の決議に従って行なわれたものである。

さらに、ゴーリキー、メンジンスキー、クイブゥイシェフの暗殺も、本事件の審問によって確認された

通り「右翼派＝トロツキー派ブロック」合同本部によって行なわれたのである。

ゴーリキー、クイブゥイシェフの暗殺に関しては、その実行者はヤゴーダであり、彼は本事件の被告たる、ゴーリキーの前主治医レーヴィン博士、プレトニョフ教授、ゴーリキーの書記クリュチコフ、クリュチコフの書記ブラノフおよびクイブゥイシェフの書記マクシモフを仲間に引き入れた。そして最終的には医師レーヴィンの認めるように「故意に不正な治療をなして……死期を速めた」のである。

また合同国家保安部長メンジンスキーの暗殺に関してもヤゴーダの直接指令に基づいて、被告レーヴィン博士、カザコフ博士が、ゴーリキーと同様の方法によって実行した。また、ゴーリキーおよびクイブゥイシェフの暗殺以外に被告レーヴィンとクリュチコフとは被告ヤゴーダの指令に従い一九三四年に同じ方法を用いてゴーリキーの子息ペシコフをも暗殺した。さらに被告ヤゴーダはエジョフの暗殺も企てた。

三、レーニンに対する陰謀

ブハーリンその他の陰謀家どもは、予審事実から明らかな如く、ブレスト講和を破棄し、ソヴィエト政府を転覆させ、レーニン、スターリン、スヴェルドロフを逮捕殺害し、「左翼」共産主義者と称していたブハーリン派とトロツキー派および「左翼」エス・エル党員から新政府を作ることを目的としていたが、この事実は連邦検事局が行なった被告ブハーリンと証人オシンスキー、ヤーコヴレヴァ、マンツェフ、カレーリン、カムコフとの対審において、確証された。

求刑（要約）

審問の結果次の事実が確認された。

一、本事件の被告たちは、一九三二年から一九三三年の間にソヴィエト連邦を敵視する外国の間諜の指令に従い「右翼派＝トロツキー派ブロック」なる名称の下に陰謀団を組織し、その目的とするところは、外国のためにスパイ行為、妨害運動、攪乱作業、テロル、ソヴィエト連邦の武力破壊、これら諸外国のソヴィエト連邦襲撃の教唆、ソヴィエト連邦の敗北・解体および以上の諸外国のためにウクライナ、白ロシア、中央アジア共和国、グルジア、アルメニア、アゼルバイジャン、沿海州をソ連邦から分割し、最後に、ソヴィエト連邦に存在する社会的および国家的社会主義制度を転覆させ、ソヴィエト連邦に資本主義およびブルジョア権力を復興させることであった。

二、「右翼派＝トロツキー派ブロック」は、彼らの犯罪計画を実行するため外国から武力援助を受けることを目的として、一、二、三の外国と関係を結んだ。

三、「右翼派＝トロツキー派ブロック」はこれら諸国のためにスパイ行為に系統的に従事し、重大なる国家秘密情報を外国間諜に供した。

四、「右翼派＝トロツキー派ブロック」は社会主義建設の各種領域において妨害攪乱行為を系統的に実行した。

五、「右翼派＝トロツキー派ブロック」は全連邦共産党およびソヴィエト政府の指導者に対し一連のテロル行為を組織し、キーロフ、メンジンスキー、クイブゥイシェフ、ゴーリキーに対しテロル行為を行なった。

全ての被告の罪は証人の陳述ならびに本件に関する文書資料および証拠物件によって明らかとなり、提起された告訴に罪のあることを充分に承認した。

以上に基づき次の求刑をなす。

ブハーリン、ニコライ・イヴァノヴィチ　一八八八年生
ルイコフ、アレクセイ・イヴァノヴィチ　一八八一年生
ヤゴーダ、ゲンリフ・グリゴリエヴィチ　一八九一年生
クレスチンスキー、ニコライ・ニコラエヴィチ　一八八三年生
ラコフスキー、クリスチャン・ゲオルギエヴィチ　一八七三年生
ローゼンゴリツ、アルカヂー・パウロヴィチ　一八八九年生
イヴァノフ、ウラジーミル・イヴァノヴィチ　一八九三年生
チェルノーフ、ミハイル・アレクサンドロヴィチ　一八九一年生
グリンコ、グリゴリー・フェドロヴィチ　一八九〇年生
ゼレンスキー、イサーク・アブラモヴィチ　一八九〇年生
ベッソノフ、セルゲイ・アレクセーヴィチ　一八九二年生
イクラモフ、アクマール　一八九八年生
ホジャーエフ、ファイズゥラ　一八九六年生

シャランゴヴィチ、ヴァシリー・フォミッチ　一八九七年生
ズバレフ、プロコピー・チモフェーヴィチ　一八八六年生
ブラノフ、パーヴェル・ペトロヴィチ　一八九五年生
レーヴィン、レフ・グリゴリエヴィチ　一八七〇年生
プレトニョフ、ドミトリー・ドミトリエヴィチ　一八七二年生
カザコフ、イグナチー・ニコラエヴィチ　一八九一年生
マクシモフ＝ヂコフスキー、ヴェニアミン・アダモヴィチ（アブラモヴィチ）　一九〇〇年生
クリュチコフ、ピョートル・ペトロヴィチ　一八八九年生

以上は反ソヴィエト陰謀の積極的加担者となり、ロシア社会主義共和国刑法典第五八条第一項、同第二項、同第七項、同第八項、同第九項、同第十一項に規定された、犯罪事実第一—五項に該当する大逆罪を犯したが、被告イヴァノフ、ゼレンスキーおよびズバレフは、この他にロシア社会主義共和国法典第五八条第十一項に規定された犯罪を犯した。

以上の理由により、右にあげた全ての被告をソヴィエト連邦大審院軍法会議の裁判に付す。

ヴェ・ヴェ・オシンスキー、ヴェ・エヌ・ヤーコヴレヴァ、ヴェ・エス・マンツェフ、ヴェ・ア・カレーリン、ベ・デ・カムコフ、イ・エヌ・スツコフ、エ・ヴェ・アルテメンコ、イ・ヴェ・ザポロジェツ、イ・エヌ・サヴォライネン、ゲ・イ・セミョーノフ、エヌ・ベ・チレノフに関する事件は、別にこれを審理する。

ア・イ・ヴィノグラドフ博士に関する事件は死亡のためその裁判を中止する。

ア・エス・エヌキーゼに関する事件は、一九三七年十二月十五日ソヴィエト連邦大審院軍法会議で取り調べられた。

本論告は、一九三八年二月二十三日、モスクワにてこれを作成す。

ソヴィエト連邦検事
ア・ヴィシンスキー

（三月二日午前の公判）被告ベッソノフの訊問　（三月二日午後の公判）被告グリンコの訊問、被告チェルノーフの訊問　（三月三日午前の公判）被告イヴァノフの訊問、被告ズバレフの訊問、証人デ・エヌ・ヴァシリエフの訊問　（三月三日午後の公判）被告クレスチンスキーの訊問、被告ルイコフの訊問　（三月四日午前の公判）被告シャランゴヴィチの訊問、被告ホジャーエフの訊問　（三月四日午後の公判）被告ローゼンゴリツの訊問、被告クレスチンスキーの第二回訊問、被告ラコフスキーの訊問　（三月五日午前の公判）被告ラコフスキーの訊問の続き、被告ゼレンスキーの訊問　（三月五日午後の公判）被告イクラモフの訊問（以上省略）

被告ブハーリンの訊問　一九三八年三月五日　夕方の公判

裁判長　これより被告ブハーリンの訊問に移る。

ブハーリン　私は本法廷に対し次の二点を要請したい。すなわち第一に私の立場を本法廷で自由に説明する機会を与えること。第二に私の陳述を始めるに当たって、時間の許す限り、犯罪的「右翼派＝トロツキー派連合《ブロック》」のイデオロギー的および政治的な立脚点に関する分析を一定程度詳説することを許可すること。それは以下の理由によります。まずその「右翼派＝トロツキー派連合」についてはどちらかといえばほとんど言及されていないこと、第二にそれがある程度一般大衆の関心事になっていること、第三に予審の審理中に市民検事が、私が間違っていなければの話ですが、それを問題として取り上げたからであります。

ヴィシンスキー　ともかく被告ブハーリンの意図するものが、彼の陳述の進行中に訊問を行使する国事犯公訴人の権限を制限しようとするものならば、同志裁判長はブハーリンに対し訊問を行なう公訴人の権限は法律に基づくものであることを説明すべきであると私は考えます。したがって私は、刑事訴訟法の規定に基づいてこの要請を却下するよう要求します。

ブハーリン　あなたは私の要請の意味を誤解しておられる。

裁判長　被告ブハーリンに対する第一の質問。あなたはあなたの反ソヴィエト活動に関する予審での証言を確認しますか。

ブハーリン　全くその通り私の証言を確認します。

裁判長　あなたはあなたの反ソヴィエト活動に関し何を申し述べたいのですか。同志検事は訊問を行なってよろしい。

ヴィシンスキー　許しをいただいて被告ブハーリンの訊問を始める。あなたが有罪であると弁論するものが正確に何に対してであるのか、簡潔にそして系統立てて説明しなさい。

ブハーリン　第一に、反革命的「右翼派＝トロツキー派連合」に属していたことに対してです。

ヴィシンスキー　何年からですか。

ブハーリン　その連合が結成された時からです。いやもっと以前でさえ、私は「右翼派」の反革命的組織に所属していた、そのことによって有罪なのです。

ヴィシンスキー　何年からなのですか。

ブハーリン　一九二八年頃からです。私はこの「右翼派＝トロツキー派連合」の中心的な指導者の一人であったことにより有罪です。したがって私はこの事実から直接に結果する全てのことに関して、この反革命的組織が犯した犯罪の総体に対し、ある特定の行動について私が知っていたかどうかに関係なく、また私が直接それに関与したかどうかにも関係なく、有罪であることを認めます。何故なら私はこの反革命的組織の歯車の一つとしてではなく、指導者の一人として責任があるのですから。
ヴィシンスキー　この反革命的組織はどんな目的を追求したものなのですか。
ブハーリン　この反革命的組織は、簡潔に系統立てて説明しますと……。
ヴィシンスキー　その通り、目下のところ簡潔に。
ブハーリン　この組織が追求した主要な目的は、言うなれば、その目的が十分に理解されてはいなかったし、また詳細に書き記されてもいなかったけれども――それは本質的にソ連邦に資本主義的関係を復活させることを目的としたのです。
ヴィシンスキー　ソヴィエト政権の転覆？
ブハーリン　ソヴィエト政権の転覆はその目的への一手段でした。
ヴィシンスキー　どんな方法で？
ブハーリン　ご承知のように……
ヴィシンスキー　暴力的転覆という方法によってだね。
ブハーリン　ええ、政権の暴力的転覆によってです。
ヴィシンスキー　何の助けを借りて？
ブハーリン　ソヴィエト権力が遭遇する全ての困難を助けとして、特に、その徴候ありと予想された戦争の助けを借りてです。

ヴィシンスキー 次に、徴候ありと予想された戦争というのは誰の助けを借りて？

ブハーリン 諸外国の助けを借りてです。

ヴィシンスキー いかなる条件で？

ブハーリン 具体的に言いますと、いくたの譲歩という条件でです。

ヴィシンスキー どの程度まで……。

ブハーリン 領土の割譲という程度までです。

ヴィシンスキー と言うと？

ブハーリン 明確に説明すれば――ソ連邦の分割という条件です。

ヴィシンスキー 全ての直轄地区および共和国のソ連邦からの分離？

ブハーリン そうです。

ヴィシンスキー 例えば？

ブハーリン ウクライナ、ソヴィエト沿海州、白ロシア。

ヴィシンスキー 誰の利益のために？

ブハーリン それぞれその地理的、政治的条件に相応する国家の利益のために……。

ヴィシンスキー 正確には何国ですか。

ブハーリン ドイツの利益のため、日本の利益のため、それに一部は英国の利益のためです。

ヴィシンスキー つまりそれは、ここで問題になっているサークル間の一致した意見だったのですか？

私はあなた方の「連合」が持っていた一致した意見の一つについては知っているのだが。

ブハーリン　ええ、我々の「連合」は一致した意見を持っていました。

ヴィシンスキー　そしてまた防衛力〔ソ連邦の〕を弱体化するという方法によって？

ブハーリン　その問題は論議されませんでした。少なくとも私が出席していた時には。

ヴィシンスキー　破壊活動に関する立場はどうだったのですか。

ブハーリン　破壊活動に関する立場については、結局、特に「トロツキー派」のいわゆる「連絡本部《コンタクト・センター》」の圧力の下でおよそ一九三三年に生起したことなのですが、調査しても興味あるものとは思われない内部のいろいろな意見の対立や数多くの巧妙を要する政治力学の困難さにもかかわらず、転変と論争などを重ねた後で破壊活動の方針が採用されたのです。

ヴィシンスキー　それはわが国の防衛力を弱体化する意図を持ったのだね。

ブハーリン　当然です。

ヴィシンスンキー　したがって、防衛力を弱体化し、その土台を掘り崩そうとする方針があった？

ブハーリン　形式的にはそうではないが、本質的にはその通りでした。

ヴィシンスキー　しかしこの方針に基づく行動および活動は明白だった？

ブハーリン　はい。

ヴィシンスキー　多様な活動についても全く同様だったと言えますか。

ブハーリン　多様な活動に関しては――ご承知のように、仕事の分担と私の特定な任務のために――私は主に一般的な指導の問題とイデオロギーの側面に従事しておりました。このことは、もちろん、だからと言って私が事柄の実践的な側面について承知していなかったとか、私の方からは多くの実践的段階を採用しなかったということにはなりません。

ヴィシンスキー 私の理解するところによれば、あなた方の間には仕事の分担があった？

ブハーリン しかし、市民検事、私が述べていることは、私は「連合」に対して責任を負っているということです。

ヴィシンスキー しかしながら、あなたが主導した「連合」は多様な活動を組織することを課題としていた？

ブハーリン 記憶に浮かんでくるさまざまな物事から私が判断できる限りでは、多様な活動の組織化と言いましても、それは具体的な状況と具体的な条件次第でした。

ヴィシンスキー 審理から明らかなように、状況は十分具体的だった。あなたとホジャーエフは、破壊活動があまりにも少ししか成されておらず、しかもやり方がまずいという事実について討論しましたか。

ブハーリン 破壊活動を加速させることについての話し合いはありませんでした。

ヴィシンスキー 被告ホジャーエフを訊問する許可をいただきたい。

裁判長 よろしい。

ヴィシンスキー 被告ホジャーエフ、あなたは破壊活動を加速する問題をブハーリンと討論しましたか。

ホジャーエフ 一九三六年八月、私の田舎の家でブハーリンと会談した時、彼は破壊活動が我々の民族主義者組織にあっては微弱であると言っていました。

ヴィシンスキー そして、それに関して何がなされるべきだと？

ホジャーエフ それを強化すること、また破壊活動を強化するばかりでなく、叛乱、テロルその他の組織化にまで進むことです。

ヴィシンスキー 被告ブハーリン、ホジャーエフの言っていることは正しいですか。

ブハーリン いいえ。

ヴィシンスキー　叛乱運動の組織化はあなた方の目的の一つでしたか。
ブハーリン　叛乱への方向付けはありました。
ヴィシンスキー　方向付けがあった？　あなたはこの件を組織するためにスレプコフを北カフカーズへ派遣しましたか。あなたはヤコヴェンコをピースクへ同じ目的のために派遣しましたか。
ブハーリン　はい。
ヴィシンスキー　それなのに、このことはホジャーエフが中央アジアに関連して述べたこととは関係ないのだね？
ブハーリン　あなたが中央アジアについて尋ねた時、私は単に中央アジアのみに限って返答すべきなのだと思ったのです。
ヴィシンスキー　と言うことは、あなたは中央アジアに関してはこの事実を否定する、しかし「連合」の方針としては否定しない。しかるに私はあなたに「連合」の方針について尋ねたのだが。
ブハーリン　だから私は、この問題は各々の場合に応じて、地理的、政治的その他の諸条件に従って決定されたと言ったのです。
ヴィシンスキー　あなたはホジャーエフの証言を否定するのですか。私がたった今ホジャーエフを召喚したのは、あなたに対する反対証言を得るためです。何故なら私はあなた方の「右翼派＝トロツキー派連合」が、あなたの表現によれば、場合に応じ、状況に従って、叛乱誘発的に、また牽制的に、そして破壊的運動の組織化のために、指示を与えたという事実を証明することが重要であると考えるからです。あなたはそれに同意しますか。
ブハーリン　同意します。ただ混乱を避けるために、私は次のことを明確にしておかねばならないだけです。あなたが言及している叛乱は一九三〇年に起こりましたが、一方「右翼派＝トロツキー派連合」は、市民検事、あなたもご存知のように、一九三三年に組織されたのです。

ヴィシンスキー　しかし、その戦術はあなた方の「右翼派本部《ライト・センター》」の戦術といかなる点においても異なるものではなかった。あなたはそれに同意しますか。

ブハーリン　はい。

ヴィシンスキー　つまり、そのうえ、叛乱を起こす運動の組織化は「右翼派＝トロツキー派連合」の活動の一部をなしていた？

ブハーリン　そうでした。

ヴィシンスキー　そして、あなたはそれに責任を負っている？

ブハーリン　私はすでに諸行動の総計に対し責任を負っていると言ったはずです。

ヴィシンスキー　「連合」はテロ行為、党およびソヴィエト政府の指導者の暗殺の組織化のために公然と戦いましたか。

ブハーリン　戦いました。それにこの組織の結成は、およそ一九三二年秋まで日付を戻されてしかるべきと考えます。

ヴィシンスキー　そしてセルゲイ・ミロノヴィチ・キーロフ暗殺(二二)に対するあなたの関係はどんなだったのですか。この暗殺もまた「右翼派＝トロツキー派連合」が承知の上で、またその指示の下に遂行されたものですか。

ブハーリン　それは私の知るところではありません。

ヴィシンスキー　私が尋ねているのは、この暗殺は「右翼派＝トロツキー派連合」が承知の上で、またその指示の下で遂行されたのかどうか、ということなのだが。
ブハーリン　それなら私も繰り返すだけです。私は知りません、市民検事。
ヴィシンスキー　エス・エム・キーロフ暗殺に関しては、あなたはこのような事情を詳細には知らなかった？
ブハーリン　詳細には知らなかった、しかし……。
ヴィシンスキー　被告ルイコフを訊問することを許可願います。
裁判長　よろしい。
ヴィシンスキー　被告ルイコフ、あなたはエス・エム・キーロフの暗殺について何か知っていますか。
ルイコフ　私は「右翼派」もしくは「連合」の右派の一部がキーロフ暗殺に参加したかどうかについては何も知りません。
ヴィシンスキー　一般的に言って、あなたはテロ行為、党および政府のメンバーの暗殺のための準備に気がついていましたか。
ルイコフ　この「連合」右派の指導者の一人として、私は多くのテロリスト集団の組織化とテロ行為のための準備に参画しました。自分の証言の際に言いましたように、私が「右翼派＝トロツキー派連合」に関係していたのは「右翼派本部」を通じてなのですが、そこでの決定事項には実行行為に及ぶ暗殺指令は一つだになかったはずです。
ヴィシンスキー　実行行為に及ぶ指令については、ですね。それならば、「右翼派＝トロツキー派連合」の目的の一つは党および政府の指導者に対するテロ行為を組織し、実行することにあったことは知っていますか。
ルイコフ　私はそれ以上のことを言いましたよ。私は個人的にテロリスト集団を組織したと言いました。

しかし、あなたはこのような目的のことを私が誰か第三者を通じて知ったのかどうか尋ねているのですね。

ヴィシンスキー 私は「右翼派＝トロツキー派連合」が同志キーロフ暗殺に何らかの関係があったのかどうかを尋ねているのです。

ルイコフ 私はこの暗殺に対する「右翼派」の関係については何も知らされていないのです。したがって私はこの日までキーロフ暗殺は「右翼派」の知らぬところで「トロツキー派」によって実行されたものと確信していました。もちろん、私はそれについて知りたくても知ることはできなかったと思います。

ヴィシンスキー あなたはエヌキーゼと関係がありましたか。

ルイコフ エヌキーゼと？ ほんのわずかだけ。

ヴィシンスキー 彼は「右翼派＝トロツキー派連合」の加盟者でしたか。

ルイコフ 一九三三年以来そうでした。

ヴィシンスキー 彼はこの「連合」では「トロツキー派」か「右翼派」のどちら側を代表していましたか。どちらに重心が傾いていましたか。

ルイコフ 彼は「右翼派」を代表していたことに間違いありません。

ヴィシンスキー 大変結構。ご着席ください。次に被告ヤゴーダの訊問を許可願います。被告ヤゴーダ、あなたはエヌキーゼが、被告ルイコフがたった今話したのを聞いていたでしょうが、「連合」の「右翼派」を代表していたこと、また彼がエス・エム・キーロフ暗殺の組織化に直接の関係があったことを知っていますか。

ヤゴーダ ルイコフもブハーリンも共に嘘の証言をしています。ルイコフとエヌキーゼはエス・エム・キーロフ暗殺の問題が討議された「本部」の会議に出席していました。

ヴィシンスキー　「右翼派」はこれに何らかの関係がありましたか。
ヤゴーダ　直接の関係です。何故ならそれは「右翼派」と「トロツキー派」の連合だったのですから。
ヴィシンスキー　被告ルイコフと被告ブハーリンは特にその暗殺に関係を持っていましたか。
ヤゴーダ　直接関係していました。
ヴィシンスキー　あなたは「右翼派＝トロツキー派連合」の成員として、この暗殺に何らかの関係がありましたか。
ヤゴーダ　ありました。
ヴィシンスキー　ブハーリンとルイコフが暗殺について何も知らないと証言していますが、真実を語っていると思いますか。
ヤゴーダ　そんなことはありえません。何故なら、彼らが、つまり「右翼派＝トロツキー派連合」が、合同会議でキーロフに対するテロ行為を実行するという決定を下したということを、エヌキーゼが私に話してくれたのです。その時私は無条件に反対しました……。
ヴィシンスキー　何故？
ヤゴーダ　私は絶対にテロ行為は認めないと宣言したのです。私はそんなことは全く不必要であると見なしていました。
ヴィシンスキー　それに組織にとっても危険だというわけだね。
ヤゴーダ　もちろん。
ヴィシンスキー　にもかかわらず？
ヤゴーダ　にもかかわらず、エヌキーゼは追認してしまった……。

ヴィシンスキー　何を？
ヤゴーダ　その集会で彼らが……。
ヴィシンスキー　彼らとは誰ですか。
ヤゴーダ　ルイコフとエヌキーゼは最初の内は絶対に反対でした……。
ヴィシンスキー　何に？
ヤゴーダ　テロ行為の実行に。しかし「右翼派＝トロツキー派連合」の残りの部分の圧力で……。
ヴィシンスキー　主に「トロツキー派」の？
ヤゴーダ　そう、「右翼派＝トロツキー派連合」の残りの部分の圧力で、彼らは同意したのです。そうエヌキーゼは私に語りました。
ヴィシンスキー　そのことがあった後で、あなたはエス・エム・キーロフ暗殺を遂行するために何らかの手段を個人的に講じましたか。
ヤゴーダ　私が個人的に？
ヴィシンスキー　ええ、「連合」の成員として。
ヤゴーダ　私は指示を与えました。
ヴィシンスキー　誰に？
ヤゴーダ　レニングラードのザポロジェッツに。実際にあったことは全くこんなことではなかったのです。
ヴィシンスキー　それについては後で話し合うことにしましょう。私が今必要なのはルイコフとブハーリンがこの憎むべきテロ行為に果たした役割を明白にすることです。
ヤゴーダ　私はザポロジェッツに指示を与えました。ニコラーエフが留置された時ですが……。

ヴィシンスキー　第一回目の？
ヤゴーダ　そうです。ザポロジェッツがモスクワに来て、私に報告しました。ある男が留置されたと……。
ヴィシンスキー　彼の旅行カバンの中に証拠が……。
ヤゴーダ　拳銃と日記がありました。そしてザポロジェッツはニコラーエフを釈放したのです。
ヴィシンスキー　つまり、あなたがそれを承認した？
ヤゴーダ　私はただ事実に注目しただけです。
ヴィシンスキー　それからあなたは指示を与えてエス・エム・キーロフ殺害の障害を取り除くようにした？
ヤゴーダ　ええ、しました。……実際はそんな具合ではなかったんですが。
ヴィシンスキー　いくぶん違った形をとった？
ヤゴーダ　そんな具合じゃなかった、しかしそんなことは重要じゃない。
ヴィシンスキー　あなたは指示を与えましたか？
ヤゴーダ　私はすでに確認したはずです。
ヴィシンスキー　しましたね。着席してください。
裁判長　（ヴィシンスキーに）他に質問がありますか。
ヴィシンスキー　私はブハーリンに対してもう一つ質問したい。あなたはテロリズムを肯定しますか、否定しますか。ソヴィエト政府の政治局員に対してのテロリズムについてだが。
ブハーリン　分かりました。テロリズムの問題が私に最初に立ち現れたのはピャタコフとの会話の時でした。私はトロツキーがテロ戦術を主張していたことを知っていたと言わねばならないでしょう。そして当時私はそれには反対していました。

ヴィシンスキー　それはいつのことですか。

ブハーリン　結局、ピャタコフと私はある共通の言語を発見しました。それは最終的に全てがうまく運ばれるようにし、あらゆる相違点が何らかの方向に道ならしされるであろうような公式を前提にした上での言語ということです。それについてはすでに私は述べましたが、市民国事犯公訴人……。

ヴィシンスキー　確かに私の出席している法廷に報告しました。

ブハーリン　私はあなたが出席している法廷で、実際はテロリズムへの方向付けは厳密に言うとリューチン綱領[二三]の中にすでに含まれていると報告しました。

ヴィシンスキー　分かっている。私が知りたいのはテロリズムに対するあなたの態度が肯定的なものであったかどうか、ということなのだが？

ブハーリン　それはどういう意味ですか。

ヴィシンスキー　肯定的とはあなたが我々の党と政府の指導者の暗殺に賛成だったということです。

ブハーリン　あなたは私が「右翼派」および「トロツキー派」の合同本部のメンバーとして賛成していたかどうか尋ねている……。

ヴィシンスキー　テロ行為に。

ブハーリン　賛成でした。

ヴィシンスキー　誰に対して？

ブハーリン　党および政府の指導者に対して。

ヴィシンスキー　詳細については後で話してもらおう。あなたがそれに賛意を持つようになったのはおよそ一九二九―三〇年にかけてですね。

ブハーリン　いいえ、およそ一九三二年のことと思います。

ヴィシンスキー　しかしあなたは一九一八年（一四）に我が党および政府指導者の暗殺に賛意を抱いていたのではないのですか。

ブハーリン　いいえ、違います。

ヴィシンスキー　あなたはレーニンの逮捕に賛成でしたか。

ブハーリン　彼の逮捕？　そんなケースは二度ありました。その第一については私がレーニンに直接話したことがあるし、第二については秘密厳守の理由で沈黙を守りました。しかしそれについても、もしあなたが望むのなら、もっとずっと詳細に話してもいいんです。実際にあったことなんですから。

ヴィシンスキー　実際にあった？

ブハーリン　ええ。

ヴィシンスキー　それではウラジーミル・イリイッチ〔レーニン〕の暗殺については？

ブハーリン　最初の時は、彼を二十四時間監禁することが計画されました。そのような一定の方式があったのです。しかし第二のケースでは……。

ヴィシンスキー　しかしウラジーミル・イリイッチが逮捕に抵抗した場合には？

ブハーリン　しかしウラジーミル・イリイッチは、ご存知のように、決して武力衝突には深入りしませんでした。彼は喧嘩好きではなかったのです。

ヴィシンスキー　だからあなたは彼を逮捕しに行った時、ウラジーミル・イリイッチは抵抗しないだろうと予想した？

ブハーリン　もう一人の人物の場合を例に取って述べてみればお分かりいただけるかもしれません。「左翼」社会革命党員《エス・エル》たちがジェルジンスキーを逮捕した時、彼も武力抵抗しようとはしませんでした。

ヴィシンスキー そういうことはいつでも、その場の特殊な状況に左右されるものなのだ。しかるにこの場合あなたは抵抗は一切ないだろうと考えたのですか。

ブハーリン はい。

ヴィシンスキー それからあなたは一九一八年に同志スターリンの逮捕を考えませんでしたか。

ブハーリン その当時それについて何度か話し合いがあって……。

ヴィシンスキー 私は話し合いについて訊いているのではない。同志スターリンを逮捕する計画について尋ねているのだ。

ブハーリン では私として言いたいことは、私はあなたがそれを計画という言い方で表現するのに同意しないのですから、それが実際の事実としてどんな具合だったかを、私が法廷に対して証明することを認めていただきたいのです。そうすれば、それは計画ではなくて話し合いだったと言われるでしょう。

ヴィシンスキー 何についての？

ブハーリン 同じような話し合いは「左翼共産主義者」(二五)の新政府樹立に関してもなされたのです。

ヴィシンスキー しかし私が訊いているのは、あなたは一九一八年に同志スターリンを逮捕する計画を持っていたかどうか、なのですよ。

ブハーリン スターリンのではなく、レーニン、スターリンそれにスヴェルドロフの逮捕の計画があったのです。

ヴィシンスキー 三人全部、レーニン、スターリン、それにスヴェルドロフ？

ブハーリン 全くその通り。

ヴィシンスキー　それでは、同志スターリンではなくて、同志スターリン、レーニン、そしてスヴェルドロフなのだね。
ブハーリン　その通りです。
ヴィシンスキー　逮捕の計画があった？
ブハーリン　計画ではなくて、それを課題とした話し合いがあったと言っているんです。
ヴィシンスキー　では同志スターリン、レーニンそしてスヴェルドロフの暗殺についてはどうなのですか。
ブハーリン　いかなる場合でもそんなことは問題にもなりませんでした。
ヴィシンスキー　本日の公判が終わる前に、または次回の公判においてでも、私は本法廷に対し次にあげる人物をこの問題についての証人として召喚するよう要請いたします。すなわち「左翼共産主義者」グループの前活動家であるヤーコヴレヴァ、いわゆる「左翼共産主義者」グループの前活動家であったオシンスキーおよびマンツェフ、次に「左翼」エス・エル党員で、「左翼」エス・エルの中央委員会のメンバーであるカレーリンおよびカムコフであります。その理由は、ブハーリンおよび彼が当時指揮していた「左翼共産主義者」が、「左翼」エス・エルと共同で、同志レーニン、スターリンそしてスヴェルドロフの逮捕および暗殺のための計画を持っていたかどうか、また他にどんな計画を持っていたのかを彼らに訊問したいがためです。目下のところ、これ以上質問はありません。
ブハーリン　私が始めてもよろしいでしょうか。
裁判長　（裁判官との協議の後で）本法廷は国事犯公訴人の要請を認めることを決定し、証人としてヤーコヴレヴァ、オシンスキー、マンツェフ、カレーリンおよびカムコフを召喚することを許可する。
ヴィシンスキー　それを伺って大変満足です。

裁判長　あなたは目下のところブハーリンに対する質問はもう何もないのですね。
ヴィシンスキー　目下のところありません。
裁判長　私は被告ブハーリンに、彼がなさねばならぬのは弁護のための演説でもなければ最終弁論でもないことを説明しておかなければならない。
ブハーリン　分かっています。
裁判長　それならば、もしあなたが自分の犯罪的反ソヴィエト活動について何か言うことがあれば話してよろしい。
ブハーリン　私は資本主義の復活という問題を扱いたい。よろしいでしょうか。
ヴィシンスキー　もちろん。それがあなたの本職でしょう。
ブハーリン　私はまずイデオロギー上の立場を、実際の犯罪的な反革命活動に対する責任を軽減する意味においてではなく、取り扱いたいと思います。私はプロレタリア階級法廷がかかる意見を抱懐すべきであるなどとはさらさら願うものではありません。私は市民国事犯公訴人のラコフスキーに対する質問、すなわち、一体何のために「右翼派＝トロツキー派連合」はかかる犯罪的な闘争をソヴィエト権力に反対して実行したか、という質問に返答したいと思うのです。私は自分が講師ではないし、だからここで説教の講釈をしてはならないということを理解しています。また、私は告発された人間であり、プロレタリア国家の法廷に対して犯罪人として責任を負わねばならないことを理解しています。しかし、この裁判は大衆的な重要性を持つもののように思われるという理由によって、またこの問題が従来極端に少ししか扱われていないという理由から、私は次のことは有意義であろうと考えます。すなわち、今までどこにも書き記されたことのないプログラム、つまり「右翼派＝トロツキー派連合」の実践プログラムを詳細に検討すること、また一つの定式、つまり資本主義の復活ということの意味するものを、「右翼派＝トロツキー派連合」のサークルで具体化され、抱懐されていた仕方で解読すること、であります。私は繰り返しますが、本件のこの側面について検討してみたいと思うからといって、いろいろな実際的事柄、つまり私の反革命的犯罪に対し責任がないと主張するつもりなど少しもありません。それどころか、私は反革命の歯車の一つではなく反革命の指導者の一人だったことを言っておきたいと思っています。そして私は指導者の一人として、歯車としての誰よりもはるかに大きな度合いで行動しているし、返答しているし、はるかに大きな責任を負っていると言いたいのです。ですからたとえ私が「右翼派」および「トロツキー派」組織の一員でないと仮定しても、責任を何とかしてすり抜けたり、拒絶したりすることを望んでいると、誰にしろ疑うことはできないでしょう。本法廷とわが国の世論とは、他の諸国家の世論と同様、進歩的人類が存在している限り、いかにして人々はこのような深みに落ちこんだのか、いかにして我々全ては社会主義祖国に対する気違いじみた反革命家や裏切者になったのか、またいかにして我々はスパイやテロリストや資本主義復活を策謀する者になっていったのか、そして最後に「右翼派＝トロツキー派連合」の思想および政治的立脚点は何であったのかを判断することができるでしょう。我々は裏切り、犯罪および叛逆に従事しました。しかしいったい何故我々はこれらに従事したのでありましょうか。我々は叛乱者同盟に転落しました。我々は破壊活動に従事するテロリスト・グループを組織し、スターリンの英雄的指導性とプロレタリア階級のソヴィエト政府とを転覆しようとしたのです。

非常に広く流布された解答の一つは、闘争の論理を通じて、我々は反革命者、陰謀者、また裏切者にならざるをえなかった、そしてそれは我々を恥辱と犯罪に導き、その結果我々を犯罪者として被告席に立たせたのだ、というものであります。言うまでもなく、このようなことは公的生活においては起こりません。

何故なら、そこには一つの論理が通っていて、闘争の論理というものは闘争の方法や綱領と分かちがたく結びついたものだからです。

私はこれらの事実を熟考したい。実際、かかる犯罪的活動に関してこのような言い方をするのは、かなり奇異に聞こえるだろうことはよく分かっていますが、にもかかわらず、このことを熟考するのは私には重要なことに思えるのです。

いくどとなく証明され、また何万回となく繰り返し言われてきたことですが、右翼偏向はその発端の瞬間から、それがまだ胚の中にありながら、その発端の瞬間から資本主義の復活という目的を持つものです。私はこのことについて語るつもりはありません。私は本件のもう一方の側面について、もっとはるかに重要な見地から、つまりこの事件の客観的側面から語りたいと思います。何故なら、そこから、本法廷で解明されている犯罪を犯罪たらしめる観点からの論拠と判断の問題が出て来るからでありますし、私が被告席にいる指導者の一人だから、なおさらそうしたいと思うのであります。我々はここで第一歩から始めなければなりません。

「右翼派」反革命者は最初の内は「航路変更」のように見えました。つまり、彼らは最初見たところでは、集団化に関連して、工業化に関連して、彼らの主張によれば工業化が生産を破壊しつつあるという事実に関連して、不満を表明しはじめた人々のように見えました。このことが、初見では、主要なことであるように見えたのです。それからリューチン綱領が出現しました。すべての国有機械、すべての生産手段、すべての最良の軍隊が国家の工業化へ、集団化へと投入された時、我々は文字通り二十四時間「対岸」にとり残された自分たちを発見したのです。気がついてみると我々はクラークと一緒に、反革命者と一緒におり、その当時まだ貿易面に依然として存在していた資本主義者の生き残りと一緒になっていたのです。こここからして、主観的見地に立っての基本的意味なり判断なりが明白になります。ここで我々は非常に興味ある経過をたどりました。個人企業の過大評価がそれの理想化に変わり、ついには地主を理想化するまでに至る。こんな具合に進展したのです。もともと我々のプログラムは個人所有の豊かな小規模農場だったのですが、実際にはプログラムを外れて、クラークが、その本質からして、目標になってしまったのです。我々は集団農場については皮肉な見方をしていました。我々、反革命策謀者たちは、集団農場は未来の音楽であるという心理を当時ますます誇張して宣伝するようになりました。必要なのは裕福な地主を育成することだ、と。これは我々の立場や心理の中で起こったとてつもなく重大な変化でした。一九一七年には、私も含めて党のどのメンバーにしても、殺害された白衛軍を憐れむようなことは起こりえなかったのですが、クラーク一掃の期間、一九二九―三〇年には、我々は土地を没収されたクラークにいわゆる人道主義的動機から同情しました。一九一九年には我々の経済生活の混乱の責任をサボタージュにではなくボリシェヴィキに負わせることなど、誰が考えたでしょうか。いや、誰も。もしそんなことを言えば、あからさまであけっぴろげの叛逆のように思われたことでしょう。しかしながら私自身は一九二八年に小作制度の軍事的＝封建的搾取について公式（二六）を捏造しました。つまり、私は階級闘争の費用《コスト》の責任をプロレタリアートに敵対した階級の上にではなくて、プロレタリアートそれ自身の指導者たちの上に負わせたのです。このことはすでに百八十度の転回でした。これはイデオロギー的、政治的主義主張が反革命的主義主張に転向したことを意味しました。クラーク式農業とクラークの利害が実際にプログラムの要点となりました。闘争の論理は次第に観念の論理となり、我々の心理の変化へ、そして我々の目的の反革命化へと移っていったのです。

工業を例にとってみましょう。最初我々は過度の工業化、予算の過度の引き締めその他について不満の叫び声を上げました。しかし実際問題としてこれは一つのプログラムから導かれた要求だったので、それはつまり工業という付属器官を持ったクラーク農業国が理想だったのです。そして心理的には？ 心理的には、一時は社会主義的工業重点主義を唱導したこともある我々としては、驚きと皮肉とそれから心底での怒りをもって、我々の巨大な、膨大に成長していく工場群を眺めていました。その工場群を我々は、何もかも呑み尽くし、広汎な大衆から消費品目を奪い、ある種の危険を代表する大食の怪獣のように見なし始めたのでした。先進的労働者たちの英雄的な努力は……。

裁判長 被告ブハーリン、まだ、あなたは私の言うことを理解していないようだね。今は最終弁論をすべき時ではない。あなたは自分の反ソヴィエト、反革命的諸活動について証言するよう求められていたのに、我々に講義をし始めている。最終弁論の際には、あなたは好きなことを何でも述べてかまわない。このことを説明するのはこれで三度目です。

ブハーリン では許しを願ってごく簡潔に……。

ヴィシンスキー 話してもらいたい、被告ブハーリン、この全てがあなたの反ソヴィエト活動において具体的にどう実施されたのかを。

ブハーリン ではお許しをいただいてプログラムのいくつかの要点を取り上げてみることにします。しかる後に私はただちに私の実際の反革命的活動を物語ることに進みましょう。よろしいでしょうか、市民裁判長？

裁判長 ただもっと簡潔に願いたい。あなたは後で自分自身の弁護人として弁論する機会があるのだから。

ブハーリン これは私の弁護ではありません、自己告発です。私は今まで自分の弁護としてはただの一言も発言してはいません。仮に私のプログラムにある主張が実行されたとすれば、それは、経済的領域においては、国家資本主義、豊かな個人農民《ムジーク》、集団農場の削減、外国への譲歩、外国貿易の独占権の放棄、そして結果としてこの国における資本主義の復活、ということになったでありましょう。

ヴィシンスキー　あなたの目的は帰するところ、何だったのですか。どのような全般的予測を立てましたか。

ブハーリン　予測は、資本主義の復活を示す明細書を作れば持ちきれないくらい重いものになるだろう、ということでした。

ヴィシンスキー　そして何が起こった？

ブハーリン　実際に起こったのは全く違ったことでした。

ヴィシンスキー　起こったことは社会主義の完全な勝利だったわけだね。

ブハーリン　社会主義の完全な勝利でした。

ヴィシンスキー　そしてあなた方の予測の完全な瓦解。

ブハーリン　そして我々の予測の完全な瓦解。国内において、我々の実際のプログラムは——このことは特に強調しておかなければならないと思いますが——ブルジョア民主主義的な自由および連携への堕落だったのです。何故ならメンシェヴィキ党員、エス・エル党員、その他の似たような人々との連合からは必然的に党派の自由、連携の自由という事態を来たします。これは闘争のための諸勢力の結合ということから、極めて論理的にそうなるのです。何故ならもし連合党派が政府転覆を目的として選ばれるとしたら、勝利の暁には、恐らく彼らは権力を握るパートナー同士になるでしょうから。それはブルジョア民主主義的自由という方法への堕落であるばかりでなく、政治的意味において、疑いもなく専制君主政治の要素を持つ方法への堕落でもあります。

ヴィシンスキー　ファシズムについて簡単に述べなさい。

ブハーリン　「右翼派＝トロツキー派連合」の諸サークル内には、クラークに味方するイデオロギー的な傾向があり、また同時に「宮廷革命」、クーデター、軍事的陰謀、反革命家の護衛兵などへの傾向がありました。これらはファシズムの要素以外の何物でもありません。

私が述べました国家資本主義の特徴が経済の分野で作動するならば……。

ヴィシンスキー　端的に言えば、あなた方はあからさまで、気狂いじみたファシズムへと堕落したのだ。

ブハーリン　そう、我々は詳細に吟味してはいないけれども、その通りです。ファシズムは我々を資本主義の復活を図る陰謀家として性格付ける公式を表示するものであるし、それはあらゆる観点から当たっています。そして極めて自然に、それに随伴して起こったのはイデオロギー全体の、また我々の闘争の全ての実践および方法の崩壊であり頽廃でした。

ここで私の犯罪的活動の陳述にただちに取りかからせていただきたい。

ヴィシンスキー　その前段として、あなたの経歴上の質問を二、三したいと思うのだが。

ブハーリン　どうぞ。

ヴィシンスキー　あなたはオーストリアに居住したことがありますか。

ブハーリン　あります。

ヴィシンスキー　長期間ですか。

ブハーリン　一九一二年から一九一三年まで。

ヴィシンスキー　あなたはオーストリア警察と何の関係も持たなかった？

ブハーリン　何も持ちませんでした。

ヴィシンスキー　アメリカに居住したことは？

ブハーリン　あります。
ヴィシンスキー　長期間ですか。
ブハーリン　はい。
ヴィシンスキー　何か月？
ブハーリン　約七か月でした。
ヴィシンスキー　アメリカで警察と連絡を取らなかった？
ブハーリン　絶対に取りませんでした。
ヴィシンスキー　アメリカからロシアに帰る途中あなたが通ったのは……。
ブハーリン　日本を通りました。
ヴィシンスキー　日本に長く滞留しましたか。
ブハーリン　一週間です。
ヴィシンスキー　その一週間の間、あなたは保養に努めたのではなかった？
ブハーリン　そのような質問をすることがあなたの楽しみならば……。
ヴィシンスキー　私は刑事訴訟法が与える権利によってこのような質問をしているのだ。
裁判長　検事がそのような質問をするのは至極当然の権利です。何故なら、ブハーリンは遙か一九一八年に、ウラジーミル・イリイッチ・レーニンの生命を奪おうとしたのを頂点に、党指導者暗殺の計略をめぐらしたことで起訴されているのである。
ヴィシンスキー　私は刑事訴訟法の範囲を逸脱してはいない。あなたは自分の意志で否定することもできるのです。したがって私は質問を続行する。

ブハーリン　全くその通りです。

裁判長　被告人の同意は必要ない。

ヴィシンスキー　あなたは警察と何の関係も結びませんでしたか。

ブハーリン　絶対に。

ヴィシンスキー　バスの中のチェルノーフのようにと言うのだね。（二七）私はあなたが警察当局のある人物と関係を持ったかどうかを訊いているのです。

ブハーリン　私は警察当局のいかなる人物とも何ら関係を持ちませんでした。

ヴィシンスキー　では何故あなたはスパイ活動をしていた「連合」に易々と加入できたのですか。

ブハーリン　スパイ活動に関しては、私は絶対に何も知りません。

ヴィシンスキー　知らない？　それはどういう意味ですか。

ブハーリン　言葉通りの意味です。

ヴィシンスキー　それではその「連合」が従事していたのは何なのですか。

ブハーリン　ここでスパイ活動について証言した二人、シャランゴヴィチとイヴァノフは、つまり二人のおとり〔警察側の挑発的スパイ〕なのです。

ヴィシンスキー　被告ブハーリン、あなたはルイコフをおとりと思いますか。

ブハーリン　いいえ、思いません。

ヴィシンスキー　（ルイコフに）被告ルイコフ、あなたは「右翼派＝トロツキー派連合」がスパイ活動を行なったことを知っていますか。

ルイコフ　私はスパイ活動を行った組織があったことは知っています。

ヴィシンスキー　あなた方の「右翼派＝トロツキー派連合」の一部をなしていて、被告シャランゴヴィチに指導された白ロシアの民族主義的ファシスト組織は、スパイ活動を行ないましたか。
ルイコフ　そのことについてはすでに述べました。
ヴィシンスキー　スパイ活動をしたのですね。
ルイコフ　はい。
ヴィシンスキー　それはポーランドの諜報機関と連絡していた？
ルイコフ　そうです。
ヴィシンスキー　あなたはそのことを知っていた？
ルイコフ　知っていました。
ヴィシンスキー　それなのにブハーリンは知らなかった？
ルイコフ　私の意見では、ブハーリンも知っていたと思います。
ヴィシンスキー　いいかね、被告ブハーリン、そう証言しているのはシャランゴヴィチではなくて、あなたの親友ルイコフなんだよ。
ブハーリン　何とおっしゃられようと、私は知りませんでした。
裁判長　同志検事、ほかに質問がありますか。
ヴィシンスキー　私は被告ブハーリンに対し、明確にしておきたいことがあります。あなたは何故私がオーストリアについて質問したか、今は理解できますか。
ブハーリン　オーストリア警察との関係といえば、私がオーストリアの要塞に監禁されていたということだけです。

ヴィシンスキー 被告シャランゴヴィチ、あなたは投獄されていたにもかかわらず、ポーランドのスパイでしたね。

シャランゴヴィチ そうです。確かに投獄されてはいましたが。

ブハーリン 私はスウェーデンの監獄に一度、ロシアの監獄に二度、そしてドイツの監獄に一度投獄されました。

ヴィシンスキー あなたが投獄されていたという事実は、何らあなたがスパイでなかったという証明にはならない。

被告ルイコフ、あなたは、ブハーリンが各国の監獄に拘禁されていた全期間の後で、彼とあなたが、シャランゴヴィチのポーランド諜報機関とのスパイ関係について知ったことを確認しますね？ そのことを知ったし、それに賛成したことも？

ルイコフ 私はスパイ活動を行っていた組織のいくつかを知っていました。

ヴィシンスキー ブハーリンが各国の監獄に投獄されていたという事実は、何ら彼がポーランド情報局との共犯関係を承諾する妨げとはならなかった。これは分かるね。

ルイコフ いいえ、分かりません。

ヴィシンスキー ブハーリンは分かっている。

ブハーリン 分かります、しかし否定します。

裁判長 続けなさい。

ブハーリン 私は各々の段階について簡単にお話ししなければなりません。実際のところ、私の反革命活動の基礎は、「右翼」偏向に限って言えば、各段階に即応した闘争方法と犯罪行為を伴って進化し、「右翼派＝トロツキー派連合」にまで下降したわけですが、その基礎が据えられたのは一九一九―二〇年まで遡ることができます。当時私はスヴェルドロフ大学において私の学生の中からある際立ったグループを作りましたが、それが非常に急速に一つの党派に発展していきました。このグループの構成員はすでに知られているところです。調査資料の中に入っていますし、市民検事の言葉から判断できる限りでも、そのことについての情報を入手しておられるでしょう。

ヴィシンスキー　あなたの学生の中にスレプコフというのがいるが、それはあなたが叛乱を組織する目的で北カフカーズに派遣した男だね？

ブハーリン　全くその通りです。私はその他の事実もいくつか列挙することができます。

ヴィシンスキー　同種の事実を？

ブハーリン　いいえ、同種のものではありません。

ヴィシンスキー　しかし同タイプのものだね。

ブハーリン　いいえ。

ヴィシンスキー　では似通ったところのあるものだね。

ブハーリン　失礼ですが、一言で全てを説明することは私にはできません。

ヴィシンスキー　続けて。

ブハーリン　一定の核となるカードルが形成され、それが続いて「右翼」諸派の反革命組織集団の一部となり、そしてついには「右翼派＝トロツキー派連合」の一構成部分に転化しました。

一九二三年だったと思いますが、私はいわゆる「覚え書」なるものを書きました。それは中央委員会に手渡されるはずのものだったのですが、私はそれを提出せずに、大学のサークル間で廻し読みさせました。

彼らの間でいくつかの見解が持て囃《はや》され、はぐくまれて、開花しそれ相応の毒のある実を結びました。この「覚え書」の中で私はこう言っています、党の指導部の中に一つの危機が席を空け……。

ヴィシンスキー　あなたがそこに書き記したものなど、目下の我々は全く何の関心もない。

ブハーリン　一九二八年は、国内に危機の諸要素が工場労働者《プロレタリアート》と農業労働者《ペザントリィ》との関係の中に現われて、スターリンに主導された党指導部が、その難局を克服する方針を描き出し、クラークに対する攻撃の計画を立てた時でした。時を同じくして、最初のうちは単に反対意見としてでしたが、反対勢力が形をとり始めたのです。一つのエピソードをお話ししますが、その年に私は当時「O・G・P・U《オーゲーペーウー》」長官であったゲ・ゲ・ヤゴーダに、目的に沿って選び取られたデータをもらう目的で会いました。彼はお誂えむきに選んだデータをくれ、それを使って私は反革命イデオロギーに形を与え、それに基づいた行動を立案することになったのです。

ヴィシンスキー　あなた方の反革命的「右翼派」組織が形を成したのはいつでしたか。

ブハーリン　トムスキーおよびルイコフと私が親交を結んだのは、およそ一九二八―二九年に遡ります。我々は当時の中央委員会メンバーと接触し、探りを入れ、中央委員会の規約に違反する非合法の会議を持ちました。結果的には、我々の組織はソヴィエト国家の適法の限界を踏み越えました。「右翼派」組織の指導による独特な組織化が急激に起こったのは、このような基礎の上にだったのであり、およそ以下のような階層制度《ヒエラルヒー》として描くことができるでしょう。すなわち三頭政治《トロイカ》――当時、「政治局」のメンバーであったルイコフ、トムスキーそれに私自身のトロイカで、我々は中央委員会の反対派メンバーであり、その時すでにその見解によって反革命グループに転化していました。以来、いろいろのグループが作られましたが、主要な構成部分は次に掲げられるものです。まず第一位にブハーリンと彼の悪名高き学派、第二位にトムスキーと彼の労働組合幹部《カードル》、第三位にルイコフと彼の秘書およびソヴィエト機構の職員、第四位にモスクワ地区の官吏と結びついたウグラノフおよび「工業アカデミー」の中のグループ。このようにして、この反革命組織の上層部が形成されました。

ヴィシンスキー　それではヤゴーダはどの部分に入っていたのですか。

ブハーリン　ヤゴーダは傍に離れていました。

ヴィシンスキー　彼はあなたと連絡していたのですか。

ブハーリン　はい、そうです。

ヴィシンスキー　彼は最上のデータを取り出してあなたを助けた？

ブハーリン　全くその通りです。

ヴィシンスキー　したがって、彼は一員だった……。

ブハーリン　今私は指導部の階層制度について話していますから、ヤゴーダに関しては……。

ヴィシンスキー　私はただ被告ヤゴーダが軽視されるのを好まなかっただけです。

ブハーリン　それから、「連合」に向けての探究が始まりました。まず私はカーメネフと彼のアパートで会談しました。第二に、カーメネフも一緒に病院でピャタコフと会合を持ちました。第三に、シュミットの別荘でカーメネフと会談しました。

言い忘れましたが、一九二八年、中央委員会において、その時は反対派グループであったが、すでに反革命的見解に突き進んでいたグループ全体の代表によって出された声明を基礎にし、それとの関連で、また声明に照応する計画を基礎に、私はいわゆる一九二八年綱領(二八)を作成しました。

私がそのことを申し上げますのはその綱領が広く廻し読みされていたからではなく、またご承知のように、そこに盛られた思想が当時の全ての実行段階の基礎を形作り、そのイデオロギーを通底する原理となったからでもなく、「トロツキー派＝ジノヴィエフ派」(二九)諸サークルとの二度目の打診の時、つまりカーメネフおよびピャタコフとの会談をした時、私が彼らにこの綱領の経済関係の部分を見せたという理由によるのです。

私はあなた方が細部にわたって興味を持たれるかどうか知りませんが……。

裁判長 私は、それらのエピソードはもっと簡潔に物語れると思うが。

ブハーリン 分かりました。彼のアパートでのカーメネフとの会合。そこでは党指導、党体制、飢餓の組織化、国内戦などについて極めて中傷的な会話が交わされ、党指導部その他諸々のことについて口汚い攻撃を加えました。

病院での会談。繰り返しますが、私の経済綱領が軽視されたため、その場で一致点に達することはできませんでした。しかしながら我々は互いに打診し、試験し合って、一致点を見出そうとする試みはしました。

第三に、最後にですが、ヴァシリー・シュミットの別荘での会合ですが、シュミットは出席しておらず、私と私の秘書ツァイトリン、カーメネフそれにトムスキーが同席しました。この時の会談は比較的短く行なわれ、もっぱら我々中央委員会の反対派メンバーが来たるべき中央委員会総会において追求すべき戦術の議論に集中しました。カーメネフの立場は躊躇することなく行動に移るというものでしたが、我々も同様にその機会を待っていたと言えます。

したがって私は、これら三つの画策は全て党指導部および党に反対し、一方ではカーメネフとジノヴィエフを中心に集まったサークル、他方では「トロツキー派」のピャタコフを中心に集まったサークルと共同して、犯罪的連携と犯罪的連合を追求したものであると見なします。

「右翼派」の反革命組織の発展における次の段階は一九三〇―三一年に始まりました。その頃、国内では階級闘争が非常に尖鋭化し、党の政策に対するクラークのサボタージュやクラークの抵抗などがありました。

私はこの段階を、全線にわたる「複式簿記」への転換期と考えています。三頭政治《トロイカ》は非合法の本部になり、したがって、以前からこの三人は反対派サークルの頭部にいたのですから、今や非合法反革命組織の本部になりました。そして、繰り返しますが、三頭政治は党との関係において非合法だったのですから、そのことによってソヴィエト政府当局者との関連において非合法なものとなりました。

エヌキーゼはトムスキーを通じてこの本部と接触していて、非合法本部と非常に近い位置にいました。ウグラノフは以前モスクワ地区の党組織を指導していたので、〔ボリシェヴィキ〕党組織内部における影響力は極めて強い人物でしたが、彼もまた当時はこの本部に近いところにいました。

この頃に、およそ一九三一年末に向かって、いわゆる〔ブハーリン〕学派のメンバーはモスクワを離れて、すなわちヴォロネジ、サマラ、レニングラード、ノボシビルスクへ、仕事をするために転任させられました。そしてこの転任はその時から反革命的な目的のために利用されていました。

ヴィシンスキー　どのように利用されたのですか。

ブハーリン　非合法な三頭政治のメンバーであり、「右翼派」本部のメンバーである我々が、とりわけ三人のうち私自身が、これらの堕落した若者たちに主に新たな加盟者を募ることについて、直接の任務と委任を与えました。ヤゴーダに関しては、もし私の記憶に間違いがなければ、ア・イ・ルイコフの言葉によると、当時彼は特別の地位を要求し、特にこの時に限って強く主張しました。

ヴィシンスキー　どのような意味で特別な地位なのですか。

ブハーリン　特に秘密の形にしておくという意味での「右翼派」組織内における特別な地位ということですが、彼が公的なソヴィエト階層制度《ヒエラルヒー》の中で占めていた位置を考えれば当然納得がいくでしょう。

ヴィシンスキー　彼はその地位を得た？

ブハーリン　得ました。ほぼ一九三二年秋頃に、「右翼派」組織の発展に次の段階が始まりました。つまり、ソヴィエト権力の暴力的転覆という戦術へ移ったのです。

ヴィシンスキー　それは何年からのことだったのですか。

ブハーリン　日付を言うなら、およそ一九三二年の夏以来です。しかし、市民国事犯公訴人、一般的に言って、これら各時期に分割すること自体、任意の性格を持つものであることを心に留めておかれるべきだと申し上げなければなりません。何故なら、例として、ヤコヴェンコが、私と「右翼派」本部の認可で派遣された事実を取り上げるならば、私は、あなたが私に質問し、それに対し私が断定的に返答した諸事実についてのみ注目したことによるからなのです。諸事実とは過去の物語です。このことから私は次の結論を引き出すだけです。もし各々の日付が符合しないとしても、あれやこれやの行為の犯罪的性格を否認するのに全然役に立ちはしないということです。何故ならあれやこれやの行為を区分する明確な線はなかったのですから。それに、ある場合には、ヤコヴェンコの場合もそうでしたが、熱狂的な状況があって、それが我々の側にそれに相応する犯罪的反応を引き起こしたのです。

一般的に暴力的転覆という戦術へ移行したのは、大体、いわゆるリューチン綱領が定式化された頃でした。リューチン綱領については本法廷で多く言及されましたので、恐らくまたくどくど説明する必要はないでしょう。リューチン綱領と呼ばれたのは漏洩を防ぐ保障として秘密保持の理由からであり、また「右翼派」本部とその指導者を秘密にしておく目的のためでした。

そのうえ、付け加えて言わねばならないのは、リューチン綱領は、――あと数分間あなた方の注意を惹きつけておこうとする理由なのですが――リューチン綱領は、私が公判の過程で記憶している限りでは、「右翼派」反革命組織の綱領だったのですが、実際は恐らく「カーメネフ＝ジノヴィエフ派」や「トロツキー派」を含む他のグループなどの共通の綱領になっていたのです。

ちょうどその頃にトロツキーが「左翼派」的制服を脱ぎ棄てねばならない状況がやって来ました。結局成されねばならぬ事柄を正確に定式化する段になって、ただちに彼の「右翼派」的綱領が明白になってきました。すなわち集団化破壊等々を主張せざるをえなくなったのです。

ヴィシンスキー　ということは、あなたはイデオロギー的にトロツキズムをも準備したのだね？

ブハーリン　全くその通りです。トロツキーはより激烈な闘争方法を主張し、我々はある程度彼をイデオロギー的に武装させたというのが当時の二勢力の協調関係でした。（ヴィシンスキーに）リューチン綱領について私が述べる必要のあるものは以上でしょうか。

ヴィシンスキー　それはあなたの問題だ。

ブハーリン　いや、私はこれ以上にもあなたが興味をお持ちかどうか尋ねているのです。

ヴィシンスキー　私はあなたの犯罪行為に興味があります。

ブハーリン　結構です。しかし犯罪行為と言いましても夥しい数にのぼるのですから、市民検事、最も重要なものを選び出す必要があるのではないですか。

ヴィシンスキー　私は全ての犯罪行為に関心があるのです。抜粋ではなく始めから終わりまでの。

裁判長　今までのところあなたはまだ要点に触れていない。あなたは犯罪行為については何も述べていない。

ブハーリン　ではあなたは非合法組織を犯罪とは見なさないし、リューチン綱領も犯罪とは見なさないのですね。

ヴィシンスキー　質問の意味は違う。裁判長はあなたが要点に触れていないと言われたのだ。

ブハーリン　被告ブハーリン、私は掛け合い問答をしないよう要求する。話したいことがあれば話しなさい。

ブハーリン　そうします。

裁判長　手続き上の理由により、本法廷は一五分後に閉廷します。あなたの考えをまとめるか、仕上げをするかしなさい。

ヴィシンスキー　あなたはヤゴーダについて陳述しましたね。私はヤゴーダを訊問したい。被告ヤゴーダ、あなたは「連合」に、特別に秘密な地位に就けてほしいと要求したかどうか話しなさい。

ヤゴーダ　はい、私の方からそのような要求をしたことがありました。

ヴィシンスキー　どのような状況の下でそのことが起こったのか、また誰とそのことについて談合したのか記憶していますか。

ヤゴーダ　私はルイコフと談合しました。

ヴィシンスキー　被告ルイコフ、あなたはこれを認めますか。

ルイコフ　認めます。私はすでに予審でこのことについては述べてあります。

ヴィシンスキー　続けなさい。

ブハーリン　リューチン綱領はソヴィエト権力の暴力的転覆という戦術への推移を記録しています。

この関連として、私は一九三二年の会議について説明すべきであると考えます。モスクワから離れて各地に派遣された人々が、大部分はかの「若者たち」から成っていたわけですが、それぞれの地方から戻って来ました。そしてスレプコフが率先し私が認可する形で一九三二年の夏の終わりに会議が召集され、そこで各地方からの報告がなされました。

ヴィシンスキー　非合法の？

ブハーリン　非合法です。会議は非合法でしたし、彼らの活動も非合法でしたし、報告も非合法でしたし、報告は非合法活動に関するものでした。

ヴィシンスキー　会議は反革命的なものであり、報告は反革命的なものであり、報告は反革命的活動についてのものだった？

ブハーリン　そうです。全てが反革命的なものでした。

たまたまこの会議の討議事項の要点の一つがリューチン綱領の問題でしたが、会議はこのリューチン綱領を承認しました。その後で「トロイカ」にウグラノフを加えて会議が持たれました。私は休暇を取っていたため、この会議には出席しておりませんでしたが、休暇から戻った時、私はこの綱領に全面的に賛成しました。ですから私はそれに対し全面的な責任を負っています。リューチン綱領は「右翼派」本部のために承認されました。リューチン綱領の本質的な問題点は、「宮廷騒動」、テロ行為、それに「トロツキー派」と直接の連携を持つためのコースを確定することでした。この頃には「宮廷騒動」の思想が「右翼派」諸サークルの中で成熟していました。上層部のサークルの中でばかりでなく、私の記憶によれば、モスクワの外で活動していた部分の間でも成熟していました。最初この考えを出したのはエヌキーゼと接触のあったトムスキーでした。この考えがトムスキーに浮かんだのは、当時クレムリン護衛の責任者であったエヌキーゼの公的な地位を利用する可能性に考え及んだからでした。いまや我々は闘争の論理を持ち、合法的活動の大通りを消滅させ、この考えを発展させ、トムスキーとエヌキーゼの間の紐帯およびルイコフとヤゴーダの間の紐帯を確固としました。トムスキーはエヌキーゼがこの政変の実行行為に加わることに同意したと述べています。トムスキーはまた、エヌキーゼがペテルソンを仲間に加えたとも述べています。ここで皮肉な表現をすれば、問題の学問的定式化の段階から、それは実行段階の定式化へと成長したのです。何故ならこの政変を組織する諸要素が揃ったのですから。

結果として見れば、その時すでに計画は作成されていて、組織の諸勢力はそれを採用し実行に移さんとしていました、つまり「宮廷騒動」のために人間を集めました。この時にカーメネフとジノヴィエフの政治的連合が出来上がったのです。我々がシルツォフやロミナーゼと会合を持ったのもこの頃でした。

私は本法廷に、私に対する告訴箇条を軽減する欲求から述べているのではないことを理解してほしいのですが、ここで述べなければならないのは、このグループ（「連合」）における政治的傾向は全く区別をつけられないものではありませんでした。例えば「右翼派」は「トロツキー派」とは結合してはいませんでした。「トロツキー派」がテロリズムを重視していたのに対し、「右翼派」は叛乱運動に希望を繋いでいました。「右翼派」は組織をあげて大衆行動に突き進みました。

これは刑罰の軽減を図るものでは決してありませんが、この場合には何が起こったのか、また当時与えられた報告から何を知ることができるかについて私は話しているのです。我々は大衆の支持を得ることを重要視しました。

私はピャタコフ、トムスキーおよびルイコフと会談しました。ルイコフはカーメネフと、ジノヴィエフはピャタコフと会談しています。

一九三二年夏、私は重工業人民委員部の事務所でピャタコフと二度目の会談をしました。その時は、私はピャタコフの下で働いていたものですから、私にはごく当然のことに思えました。当時彼は私の上司でした。私は仕事で彼の執務室に入っていく必要があったのですが、疑惑を持たれることなくそれができたのです。しかしどのような仕事が処理されねばならなかったか、私には分かりませんでした。

ヴィシンスキー　あなたは非合法的な談合のために合法的な機会をできうる限り利用したのだ。

ブハーリン　私は反ソヴィエト的で非合法な目的のために合法的な機会を利用しました。一九三二年夏に行われた会談の中で、ピャタコフはトロツキーのテロリズム方針についてセドフ〔トロツキーの息子〕と会合を持ったことを話してくれました。その時ピャタコフと私はテロリズムを我々の方針の中には採らないと考えたのですが、間もなく我々は共通の言葉を見出し、反ソヴィエト闘争における我々の相異は克服されるであろうという諒解には達しました。トムスキーとルイコフは、私が間違っているかもしれませんが、カーメネフとソコリニコフと会談しました。私の記憶によりますとその時トムスキーは特にクーデターと全勢力の集結を主張しました。それに対し「右翼派」本部のメンバーは叛乱運動の方向に向かっていました。

一九三二年末までには、リューチン綱領は一九三二年の秋もしくは夏の終わりに確定したわけで、会議が持たれ……。

裁判長　今回の公判を終わります。

ブハーリン　それでは私は「右翼派」、「トロツキー派」および「カーメネフ゠ジノヴィエフ派」の反革命連合が一九三二年末までには結成されていたという考えを結論として述べるに止めましょう。

裁判長　次回の公判は三月七日午前十一時に開廷します。

〔署名〕
裁判長　V・ウルリヒ　陸軍軍事裁判官
ソヴィエト連邦最高裁判所軍法会議議長
書記　　A・バトネル　一等軍事裁判官

被告ブハーリンの訊問の続き　一九三八年三月七日　午前の公判

法廷指揮官　間もなく開廷です。起立願います。

裁判長　ご着席ください。審理を再開します。被告ブハーリン、あなたの反ソヴィエト活動についての証言を続けなさい。

ブハーリン　いいでしょう。一昨日、審理の終わりに際して私は一九三二年の終わりに「右翼派」、「トロツキー派」それに「ジノヴィエフ派」の連合が「リューチン綱領」を礎に結成されたと結びました。その頃までにはテロリストの心情が「右翼派」反革命組織の加盟者たちの間にすでに生長し始めていたのです。それらの心情はいわゆる私の使徒たちの間に、ウグラノフ周辺の「マトヴェーエフ」グループの中に、ルイコフ支持者たちの間に、そして新聞で一時、暴露されたようにさる労働組合役員たちの間に見出されてしかるべきものでした。赤軍内における陰謀家たちのグループ結成はその時期に当たっています。私はそのことをトムスキーから聞いて知ったのですが、彼はエヌキーゼから直接その情報を得ました。トムスキーはエヌキーゼと姻戚関係があり、そのうえ彼らはクレムリンの中で同じ回廊に沿って住んでいましたから、彼にはエヌキーゼと連絡を取っている方がずっと都合がよかったのです。彼ら二人、トムスキーとエヌキーゼは、私が聞いたところによると、いや「聞いた」というのは必ずしも適当な言葉ではないけれども、むしろ私はトムスキーとエヌキーゼに報らされたのですが、彼らが語るには、赤軍の上層階級の内部に「右翼派」、「ジノヴィエフ派」それに「トロツキー派」がその頃各々の勢力を結合していたというのです。人名も話してくれました。あげられた人名全てを正確に記憶しているとは断言しませんが、その中にはトゥハチェフスキー、コルク、プリマコフそれにプトナがいました。

こうして「右翼派」本部との連絡は、軍部グループ、エヌキーゼ、トムスキーそれに残りの部分という線に順を追って従ったのです。大体この頃に、つまり一九三二年末もしくは一九三三年初めですが、いわゆる連絡本部が「右翼派」を含むさまざまな反党反革命流派代表を編入して結成されました。

反革命「右翼派連合」の犯罪的活動に関する物語もしくは証拠に話を戻すに当たって、私は最初に中心的な犯罪思想の一つであるクーデターという考えと、それに対応する実践上の準備工作を取り上げてみたいと思います。何故ならこの考えとそれに対応する実践上の準備が、それぞれの政治的発展段階におけるそれぞれの時期および一般的政治状況に従って発達したからです。我々「右翼派」陰謀者の間にクーデターという考えが初めて動き出したのはおよそ一九二九—三〇年に遡ります。そしてその時はこのクーデターは胚芽の形で抱懐されていたにすぎず、もしくはむしろ話題にのぼった程度であって、比較的非常に狭い基盤の上に考えられたクーデターでした。それは限界を定めたクーデターという考え、いやむしろ「宮廷騒動」という考えであったというのが適当かと思います（再び私は「宮廷騒動」という言い方が気にかかりますが、私がここで責任を避けたいと思っているという印象を持たないでください）。そしてその考えは最初にトムスキーによって発言されたのですが、トムスキーと特に個人的な関係があり、彼の仲間の集りにしばしば出ていたエヌキーゼが、当時クレムリン護衛の責任者であったという状況と関係があったのは当然だと言うべきでしょう。また同時に人民委員会議議長であったルイコフが彼の公的立場を利用するという可能性もありました。こうした関係にあってはあらゆる種類の秘密犯罪活動を容易にする多くの合法的な機会なり、逃げ道がありました。したがってこのことは「宮廷騒動」が成就されうる決定的条件として役立つことができたでしょう。それはおよそ一九二九―三〇年のことでしたが、その時は「宮廷騒動」を実行に移すところまでは彼らは進まなかったのです。彼らがそうしなかったのは厳密に言えば二つの理由からです。一つの理由は広い意味のものでして……。

ヴィシンスキー　彼らが何故それを実行に移すところまで進めなかったかは、何故彼らがそうしたかということほど興味を引くものではない。彼らがしなかった理由、それが実際に起こらなかった理由などに我々は関心を持ってはいない。

ブハーリン　いいでしょう、興味がなければこのことについて説明するのはよしましょう。

ヴィシンスキー　あなたはすでに一九三三年の時点まで達した。

ブハーリン　私がこの問題に言及したいと思った理由は、それが実践上の準備と結びついているからでして……。

ヴィシンスキー　だから実践上の準備を話しなさい、何故あれやこれやが起こらなかったのかなど話してくれなくて結構。法廷は何が起こったのか、そしてそれは何故かを知ることに関心があるのです。

ブハーリン　その通りです。しかし否定なるものは全て肯定なるものを含むものですよ、市民検事。スピノザがかつて言ったのですが、決定《デテルミナチオ》の領域においては……。

ヴィシンスキー　具体的に話しなさい、あなた方がどのように権力奪取を準備していたか、誰の援助で、どんな手段で、どんな計画と目標を想定していたかについて話しなさい。

ブハーリン　我々は「宮廷騒動」を実行しなかったのですし、そしてその理由をあなたはここで聴く関心を持たないのですから、これから話題をクラークの叛乱に変えたらいかがでしょう……。

ヴィシンスキー　「宮廷騒動」なる表現の意味は何なのですか？　これは権力の直接的奪取、あなた方の「連合」の武力による権力奪取を意味すると理解していいのですか。

ブハーリン　全くその通りです。政治的に、「連合」の武力によってです。しかし私は何故「宮廷騒動」と言うのでしょうか。それはクレムリン内部で組織的に集中された武力による叛乱を、意味しているからなのです。

ヴィシンスキー　あなたの意のままになることが判明するであろうと勝手に考えている武力によってであって、必ずしもクレムリン内部にあった武力によってということではない？

ブハーリン　全くその通りです。

ヴィシンスキー　それならば「宮廷騒動」について話さないで武装蜂起による権力奪取の計画について話した方がよりよいわけですね。

ブハーリン　いいえ、武装蜂起について話すことが全く正しいというわけではありません。

ヴィシンスキー　何故正しくないのですか？　あなた方は自ら武装して権力を取ろうと思ったのでしょう？

ブハーリン　武装蜂起は大衆が係わる事柄です、しかるにここで問題になっている事柄はずっと狭い……。

ヴィシンスキー　どんな大衆です？　あなた方はどんな大衆をも自分たちの側に引きつけてはいなかった。

ブハーリン　したがってそれは蜂起といった類いのものではないということです。

ヴィシンスキー　あるグループの援助による蜂起。

ブハーリン　あなたがあるグループによる蜂起を蜂起と定義することを選ぶのでしたら、それは正しいでしょう。

ヴィシンスキー　ともかくも、どこかの宮殿で起こると予想されるような「宮廷騒動」について話すよりも正しい。

ブハーリン　「宮廷騒動」という時、私が想定していたものは……。

ヴィシンスキー　陰謀者集団？

ブハーリン　全くその通りです。

ヴィシンスキー　私はそう呼んだ方がずっといいだろうと信じる。話しなさい、あなたがどのようにして権力奪取のための陰謀者集団を準備したのか。

ブハーリン　それは次の時期に当たっているのです。多分あなたは私が年代順に事実を物語るのを許されるでしょうが、私が自分の資料を按配しましたように、最初に「宮廷騒動」、次に蜂起への転換、蜂起から、正確に言えば、クーデターへの転換というふうに整理できるでしょう。

ヴィシンスキー　その範囲での陰謀者集団の主要な目的は何だったのか話しなさい。

ブハーリン　その時期においてさえ、主要な目的は武力によるソヴィエト政府の転覆でした。

ヴィシンスキー　そうですか、ではあなた方はどのように、武力によるソヴィエト政府の転覆に向けて準備していたのか話してください。

ブハーリン　その時期には我々はすでに武力によるソヴィエト政府の転覆の問題を、その陰謀に加わった軍部関係者グループの助けを借りて討議していました。

ヴィシンスキー　一つの集団？

ブハーリン　そうです。

ヴィシンスキー　あなた方の陰謀に加わった関係者の一集団？

ブハーリン　全くその通りです。

ヴィシンスキー　トゥハチェフスキー、プリマコフといった人たちに、その他の人たちも？

ブハーリン　エヌキーゼのグループもありました。

ヴィシンスキー　エヌキーゼのグループについてはすでに我々は話し合っている。

ブハーリン　全くその通りです。一九三一―三二年に、変化した政治状況に関連して、主要な力点は叛乱運動の発展に置かれ、「右翼派」本部に主導された反革命右翼派組織はいくつかのクラークの叛乱を煽動しました。市民検事、それらの叛乱についてはあなたがヤコヴェンコ、スレプコフその他に関して私を訊問した時すでに部分的には取り扱われたのですが。

ヴィシンスキー　あなたの直接の指示の上で、またあなたの指導の下で？

ブハーリン　全くその通りです。私はここで今まで言及されていないもう一つの事実を述べることもできます。前回の時、私は私自身について話しました。私はスレプコフを派遣してクバン地方にクラークの叛乱を準備させました。ルイコフはエイスモントをカフカーズ地方に送り、彼は「右翼派」のピヴォヴァロフと「トロツキー派」のベロボロドフと連絡を取る関係に入りました。このことについては審問中に言及されています。それに加えて私は本法廷に明言できますが、私はペ・ペトロフスキーおよびザイツェフからクラークのサボタージュを、闘争のより尖鋭化した形態に先行する、一種の予備的段階のものとして告げ知らされました。

ヴィシンスキー　あなたが今までエイスモントについて述べた限りからして、私はあなたが白衛軍サークルおよびドイツ・ファシストとあなたの関連について陳述することを求めます。

ブハーリン　私はあなたが念頭に置いているものを理解しかねますが。

ヴィシンスキー　繰り返すが、あなたの関連について、あなた方の陰謀集団と国外の白衛軍サークルそれにドイツ・ファシストとの関連について本法廷に明確に話しなさい。質問の意味ははっきりしましたか。

ブハーリン　それについては私は何も知りません。ともかく私の記憶にありません。

ヴィシンスキー　（裁判長に）ルイコフを訊問する許可を願います。（ルイコフに）私の質問を聞いていましたか。この点に関してのあなたの意見は？

ルイコフ　私はピヴォヴァロフから聞いて知ったのですが、スレプコフの指示と勧告のうえで組織されたコサック同盟が……。

ヴィシンスキー　白衛軍コサック同盟だね。

ルイコフ　そうです。……この反革命組織の武装力を構成した再移住者を通じて、その同盟は国外のコサック亡命者の残りの人々と連絡を取っていました。またこの連絡はドイツ・ファシストから受けた援助によって容易なものにされていたのです。

ヴィシンスキー　したがって、あなたがピヴォヴァロフの言葉から知ったという北カフカーズの陰謀者グループは、国外の白衛軍コサック同盟およびドイツ・ファシストと連絡を維持していたことになりますね。

ルイコフ　はい、そういうことになります。

ヴィシンスキー　被告ブハーリン、あなたはこのことを知っていましたか、あなたはピヴォヴァロフを知っていましたか？

ブハーリン　私はピヴォヴァロフを知りませんでした。

ヴィシンスキー　北カフカーズにおけるピヴォヴァロフの地位は何だったのですか？

ブハーリン　彼は北カフカーズにおけるソヴィエト州権力の首席でした。

ヴィシンスキー　つまりあなたはピヴォヴァロフが北カフカーズにおける地方執行委員会議長であったこ

とを知っていた？

ブハーリン　私は彼が地方執行委員会議長であったことを知っていましたが、個人的な知り合いではありませんでした。

ヴィシンスキー　ルイコフはピヴォヴァロフが北カフカーズにおける反逆者および反革命者の地方グループの頭目であったし、彼が国外にある白衛軍コサックの諸サークルと関係を持っていたことを知っていたというが、あなたは知らなかったと言うんだね、ブハーリン？

ブハーリン　私はそのような事実の可能性について論争したくないと言うのではなく、単に私はそれについて知らなかったと言っているのです。

ヴィシンスキー　ピヴォヴァロフが国外にある白衛軍コサックの諸サークルと関係を持っていたのは事実だったのですか、それとも事実ではなかったのですか。

ブハーリン　私はそれを否定できません。私はただその可能性はありえたと推測できるにすぎません、何故なら我々の方針はあらゆる武力を利用することになっていたからです。

ヴィシンスキー　白衛軍の力も同様に含まれるんだね。

ブハーリン　除外されはしませんでした。

ヴィシンスキー　それはあなたにとって明らかなことだったのですか？

ブハーリン　私は恐らくその通りであったろうということを否定しません、しかし私は十分な程度の正確さをもってはそれを思い起こすことができません。国外の白衛軍コサック同盟との関係について思い出すのを可能にするどんな材料も頭の中にないのです。

ヴィシンスキー　質問するが、ルイコフが話したような事実はあったのですか。彼はあなた方の組織の指導者の一人としてそのことを知っていたと言ったのだが？

ブハーリン そのような事実は私には思い当たる節がありません。しかしながらそのような事実の可能性を否定することはできません。そのうえ、このような関係があったというのは非常に蓋然性が高いのです。

ヴィシンスキー あなたはあたかも自分が実際にはこれらの犯罪行為に関係していないかのように事件を表示したいのだ。

ブハーリン どうしてそんなふうに言うんです、私はヤコヴェンコをシベリアに派遣して武装クラークの叛乱を組織させたのだし、スレプコフを全く同じ目的のために北カフカーズに送ったのですよ。

ヴィシンスキー 被告ルイコフ、ブハーリンはこの事実を知っていたのですか、それとも知らなかったのですか。

ルイコフ この同盟の組織化の提唱者は、ピヴォヴァロフによれば、スレプコフだったと言うべきでしょうが、彼はブハーリンによって北カフカーズに派遣されていたのであり、想像しますにブハーリンにより決定された指示と指令が与えられていたと思います。

ヴィシンスキー そうであれば、スレプコフはブハーリンの提唱があって北カフカーズへ派遣されたということになる。被告ブハーリン、あなたはこのことを認めますか？

ブハーリン 私がスレプコフをそこに送ったのは叛乱運動の組織化という点から熟達した個人をということだったのです。しかし一旦彼が同地に着いてしまったら、自分なりの関係を結んでいったでしょうし、どんな組織が当時あったのかも知ったでしょうし、スレプコフは私なしでいくつかの段階を引き受けて実行することができたのです。

ヴィシンスキー あなたは組織の指導者の一人としてこのような犯罪行為に対し責任を負っていますか？

ブハーリン　疑いもなく私は責任を負っています。
ヴィシンスキー　白衛軍コサック一味およびドイツ・ファシストとあなた方の組織との関係に対してもですか？
ブハーリン　もちろんです。
ヴィシンスキー　そのような事実があったのですか？
ブハーリン　もし他の人々がそのような事実があったと言うのでしたら、それはあったのでしょう。
ルイコフ　私は無条件的に断言します、そのような任務が与えられたこと、そしてスレプコフが北カフカーズへ送られたのは彼が重要な役割を果たすためであり、彼が反革命組織を統一する能力を持っていたからであることを、です。私は彼がこの点に関してブハーリンに話したかどうかは知りませんが、そこでの主導権は、ピヴォヴァロフによれば、スレプコフに属したのです。
ヴィシンスキー　結果的には、それらの連絡はブハーリンの方針に従ったのだね？
ルイコフ　発想はブハーリンの方針に従いました。
ヴィシンスキー　発想もまたその実際上の運用も。
ルイコフ　スレプコフがしたことです。
ブハーリン　私はスレプコフをそこに送ったことは否定しません。私は白衛軍コサックの諸サークルと接触を確保するために彼を派遣したのです。
ヴィシンスキー　そのことはあなたの指導者としての計画の中に含まれていたのですか？
ブハーリン　私は特にそのような発言はしませんでした。
ヴィシンスキー　あなたはドイツ・ファシストおよび白衛軍コサック一味とあなたの組織との接触に気づ

いていなかったと断言しますか？

ブハーリン　私は知りませんでした。

ヴィシンスキー　ルイコフが知っていたし、スレプコフも知っていたというのに、あなたは知らなかった？

ブハーリン　彼らはその現場にいました。

ヴィシンスキー　あなたはスレプコフを同地に送りましたね。

ブハーリン　はい、送りました。

ヴィシンスキー　あなたはスレプコフが同地にいた時、彼と連絡を取っていましたか。

ブハーリン　いいえ。

ヴィシンスキー　あなたは彼が同地で行なっていることについて、彼と話し合ったことがありますか。

ブハーリン　その後で、という意味で？

ヴィシンスキー　そう、その後で、です。

ブハーリン　我々は何ら詳細にわたった会話はしませんでした。

ヴィシンスキー　しかしあなたは彼に会ったのですね。

ブハーリン　一度会いました。

ヴィシンスキー　あなたは一度会った、そしてそれはそれだけで、彼があなたに委託された任務を完遂していたかどうかをあなたに理解させうるに十分であったはずだ。

ブハーリン　いいえ、我々はそれについては話し合いませんでした。

ヴィシンスキー　話しなさい、あなた方の会話の主題は何だったのです？

ブハーリン　極めてわずかしか話し合っていません。

ヴィシンスキー　あなたはクラークの叛乱を組織するためにスレプコフを派遣した。スレプコフはこの叛乱の組織化に従事し、その方向に沿って活動した。
ブハーリン　彼は私に詳細にわたる返答はしませんでした。
ヴィシンスキー　私が尋ねているのは、私の言っていることが事実であったかどうかです。
ブハーリン　私は彼を派遣しました。
ヴィシンスキー　彼はあなたの指示を成し遂げましたか。
ブハーリン　表面的には、彼は成し遂げました。
ヴィシンスキー　表面的には？
ブハーリン　そうです。
ヴィシンスキー　しかし彼はそのことについてあなたに話しましたか。
ブハーリン　私は彼に一度会ったと言っておきます。
ヴィシンスキー　スレプコフはあなたに、どのように彼があなたの指令を完遂したかを話しましたか。
ブハーリン　私は彼が話したことの多くは記憶していないのです。
ヴィシンスキー　それなら何故あなたは彼が詳細には話さなかったと言うんです？
ブハーリン　彼は一般的な話をしたのです。
ヴィシンスキー　彼は一般的な話をした？
ブハーリン　そう、一般的にです。
ヴィシンスキー　彼が一般的に話をしたとすれば、結局彼は話をしたのです。
ブハーリン　彼が一般的に話をしたとすれば、結局彼は話をしたのです。

ヴィシンスキー しかしあなたはたった今彼が話さなかったと言ったばかりじゃないですか。
ブハーリン 彼は詳細には話さなかったのです。
ヴィシンスキー 質問する、被告ブハーリン、あなたは白衛軍クラークの叛乱を組織するためにスレプコフを派遣しましたか。
ブハーリン はい。
ヴィシンスキー 彼は自分がどのようにしてあなたの指令を完遂したかをあなたに報告しましたか。
ブハーリン 彼はどのようにそれを完遂したかについては何も言いませんでした。
ヴィシンスキー しかしどのように彼は完遂したのですか。
ブハーリン 彼は同地には騒乱があると言いました。
ヴィシンスキー 叛乱ではなくて、騒乱なんだね。
ブハーリン 会話は早々に別の話題、つまり一九三二年の会議に向けての諸準備に関する話題に移りました。
ヴィシンスキー もちろんあなた方の会話は次から次へと急速に話題が替わったことでしょう。
私にとって重要なことは当時北カフカーズにあなた方の「右翼派」謀略組織の一部が存在したことを立証することなのです。
ブハーリン はい。
ヴィシンスキー ならばそれは事実なのですか。
ブハーリン そうです。
ヴィシンスキー ということはあなたはそれについて知っていた？

ブハーリン　はい。
ヴィシンスキー　つまり、あなたがその組織との連絡を確立するために同地にスレプコフを派遣したということ。スレプコフは彼があなたに話した方向で同地において活動をしたということ。……それは事実ですか。
ブハーリン　そうです。
ヴィシンスキー　同地にクラークの騒乱があったということ。それは事実ですか。
ブハーリン　そうです。
ヴィシンスキー　その事態は彼の活動と関連があったということ。それは事実ですか。
ブハーリン　そうです。
ヴィシンスキー　そのうえ、この北カフカーズのグループは白衛軍コサック亡命者一味と接触があったことが知られている。……それは事実か否か。
ブハーリン　私はこの事実を否定できないとすでに言ったはずです、市民検事。
ヴィシンスキー　被告ブハーリン、北カフカーズにおけるあなたの共謀者のグループが国外にいる白衛軍亡命者コサックの一味と連絡を取っていたというのは事実ですか、それとも違いますか？　それは事実ですか、違いますか？　ルイコフが事実だと述べ、スレプコフもそう述べているんですよ。
ブハーリン　ルイコフが事実であると述べたとしても、私が彼を信頼しない根拠にはなりません。
ヴィシンスキー　あなたは哲学抜きで私に返答できないんですか。
ブハーリン　私が話していることは哲学に関係ありません。
ヴィシンスキー　哲学的曲がりくねりなしに、ということです。

ブハーリン　私はその質問に関しては説明をしたと、すでに証言しました。

ヴィシンスキー　何故「いいえ」と答えないんです。

ブハーリン　私は「いいえ」と言うことはできません、それにまたそのことが実際に起こったことを否定もできません。

ヴィシンスキー　それなら返答は「はい」でも「いいえ」でもない？

ブハーリン　問題は全くそんなことじゃないんです。何故なら事実なるものは誰かの頭の中にあるかどうかに関係なく存在するわけですから。これは外的世界の実在性の問題です。私は決して独在論者ではないのです。

ヴィシンスキー　したがってこの事実があなたの頭の中に入ったか否かに関係なく、あなたは陰謀者並びに指導者としてそれを知っていた？

ブハーリン　私は知りませんでした。

ヴィシンスキー　知らなかった？

ブハーリン　しかし私はあなたの質問に対する返答として次のように言うことができます。すなわち、そのことは全般的な計画に含まれていたのですから、私は今それはありそうなことと考えていますし、それにルイコフが肯定的にそのことを話していますから、私はそれを否定するいかなる基盤もないのです。

ヴィシンスキー　したがって、それは事実である？

ブハーリン　数学的確率の観点からすれば、非常に大きな確率で、それは事実であると言いえましょう。

ヴィシンスキー　つまりあなたには平明な返答をするのは不可能なのですね。

ブハーリン　「不可能」なのではなく、即座に「はい」とか「いいえ」とか答えられない問題もあるのです。

あなたが初歩的な論理学から完全に熟知しておられるようにです。
ヴィシンスキー　再度ルイコフに質問することを許してください。ブハーリンはこの事実を知っていましたか。
ルイコフ　私はそれについては彼に話しませんでした。
ヴィシンスキー　いいですか、ブハーリンはそのことを知っていたのか、いなかったのか。
ルイコフ　私は個人的見解としては、数学的確率でもって彼はそのことを知っていてしかるべきであったと考えます。
ヴィシンスキー　それで明白です。被告ブハーリン、あなたはカラハンが「右翼派」および「トロツキー派」の陰謀グループの加盟者だったことを知っていましたか。
ブハーリン　知っていました。
ヴィシンスキー　あなたはカラハンがドイツのスパイだったことを知っていましたか。
ブハーリン　いいえ、それは知りませんでした。
ヴィシンスキー　（ルイコフに）被告ルイコフ、あなたはカラハンがドイツのスパイだったことを知っていましたか。
ルイコフ　いいえ、知りませんでした。
ヴィシンスキー　あなたはカラハンがあるいくつかのドイツ人サークルと交渉していたことを知っていましたか。
ルイコフ　「右翼派」本部に関する交渉ですか。
ヴィシンスキー　もちろんそうです。「右翼派」本部に関してです。

ルイコフ ええ、ええ、知ってました。
ヴィシンスキー 売国的な交渉でしたか。
ルイコフ 売国的なものでした。
ヴィシンスキー カラハンは誰とこのような交渉を行なったのですか、またどのような団体とでしたか。
ルイコフ （返答なし）
ヴィシンスキー どうなんです？
ルイコフ 私はそれについては知りません。
ヴィシンスキー では証言してください、交渉の経路はどんなものだったのですか。
ルイコフ その経路は……当時、交渉はドイツ政府の諸サークルと行なわれました。
ヴィシンスキー どのサークルと？
ルイコフ 「右翼派」に対する、また「右翼派」によるありうべきクーデターに対する彼らの態勢の問題について。
ヴィシンスキー ソ連邦の打破を目指す組織に関する交渉はあったのか、なかったのか。
ルイコフ 私は知りません。
ヴィシンスキー それではルイコフに、次に掲げる予審における彼自身の証言を思い出してほしいものです。――第一巻、第一一二頁、「したがって、我々の組織の一構成部分であったトゥハチェフスキーのグループだけがソ連邦の打破を準備して活動したわけではありません。その打破は我々の全ての国際関係の方針に基づき、またカラハンの交渉により準備されたのです」。これは正確ですか。
ルイコフ そうです。

ヴィシンスキー　ではこれから何が導き出されます？

ルイコフ　私は打破なるものを言葉の直接的な意味においてではなく考えていました。もしどこかの国内における陰謀者集団が敵国との交渉を行なうならば、まずまさにそれらの交渉という事実が本質的に戦争を早めるのを助けることになります――その相手国内における支援が大きければ大きいほど早急に敵国は攻撃を開始するでしょう――そして次には、その国の自己防衛能力と敵国の攻撃能力は相互に変化します、すなわち防衛力は攻撃力が強力になるにつれ弱まります。

ヴィシンスキー　それならばこの事実は実際にあった？

ルイコフ　はい。

ヴィシンスキー　そしてさらには、「まさに我々のその国際関係の方針においては、我々の出発点は国際ブルジョアジーからの援助を受ける必要があったのであり、ソ連邦における我々の反革命謀略の活動と成功をファシズムからの直接の援助と結合させたのである」。括弧で囲んであなたの証言は述べていますね、《カラハンの交渉》、と。このことから、あなたの知っている範囲で、カラハンが確定した条件であなた方の売国的活動のための支援に関してファシストの諸サークルと交渉を保っていたことが結論できますか。それは実際にあったことなのですか。

ルイコフ　はい。

ヴィシンスキー　そして条件は何だったのです？

ルイコフ　第一に、数々の経済的譲歩であり、第二にいわゆるソ連邦の解体です。

ヴィシンスキー　それはどういう意味です？

ルイコフ　それは各民族共和国の分離ということであり、それを保護領とすること、または属国にすること、形式上は属国ではないのですが、実際上は属国であることを意味するのでして……。

ヴィシンスキー　すなわち、領土の割譲？

ルイコフ　もちろんです。

ヴィシンスキー　カラハンはあなた方の「連合」の名でドイツ人などにソ連邦の国土の一部を割譲することを提案しましたか。

ルイコフ　事情はいささか違っていました。

ヴィシンスキー　私はこれらの割譲の意味について話しているのです。

ルイコフ　私自身はカラハンに会いませんでした。このことはトムスキーから知ったのです。彼は私とブハーリンのいる席でその説明をしました。

ヴィシンスキー　それならブハーリンも知っていたということですね。ブハーリンに訊きたい、あなたは知っていましたか。

ブハーリン　知っていました。

ルイコフ　彼はこんな具合に説明しました。つまり、ドイツのファシストたちは、これこれの条件、すなわち諸権益、貿易協定などにおける譲歩を容れる、が同時に彼らの側からは各民族共和国に自由分離権を与えるように要求する、というようなものでした。

ヴィシンスキー　そうですか、しかしそれはどういうことです？

ルイコフ　それは我々が提案したものとは違っていました。これはドイツ人の側から出された新しい要求だったのです。簡明に言えば、これはもちろんソ連邦の解体を意味しています。

ヴィシンスキー　つまり、ソ連邦の一部をドイツ人に譲渡すること？

ルイコフ　もちろんです。
ヴィシンスキー　ということはあなたの知識の範囲では、あなた方は、カラハンがソ連邦の一部を譲渡する交渉をドイツ人サークルと行なっていたことを知っていたことになる。正確に言ってどの部分でしたか。
ルイコフ　そのことについての話はなされませんでした。
ヴィシンスキー　あなた方の計画にはドイツ人のためにウクライナを分離するという箇条が含まれていましたか、いませんでしたか。
ルイコフ　私個人としては、ウクライナについて、その計画に含まれていたと言うことはできません。繰り返しになりますが、それは我々がウクライナが分離されるのに反対だったからではありません。
ヴィシンスキー　ではあなた方はウクライナの分離に反対だったのか、賛成だったのか。
ルイコフ　ただ単に我々の間では、ウクライナが分離されることに関しての話し合いが持たれなかったというにすぎません。そしてその問題はその時には決定されずじまいでした。
ヴィシンスキー　ではあなた方はドイツ・ファシズムのためにウクライナを分離することを想像しましたか。
ルイコフ　公式としてならそういうことでした。
ヴィシンスキー　公式を訊いているのではない――事実上の問題です。
ルイコフ　事実上は、問題になったのは白ロシアのことです。
ヴィシンスキー　それにウクライナのことも？
ルイコフ　いいえ。この問題はウクライナの反革命組織の同意なしには、我々の決定できない事柄でした。
ヴィシンスキー　では今度は被告ブハーリンに訊きたい。あなたは一九三四年にこの事項に関しラデックと交渉を持ちましたか。

ブハーリン 交渉でなく会話です。

ヴィシンスキー よろしい、会話ですね。その会話が実際に行なわれたのですか、そうではないのですか。

ブハーリン 行なわれました、ただ話題は今問題にされたこととは違っていましたが。

ヴィシンスキー ではどんな話だったのです。

ブハーリン ラデックはトロツキーとの会談について話してくれました。トロツキーが反革命組織への援助の見返りに国土を割譲することに関し、ドイツ・ファシストと交渉を持ったと言うのです。

ヴィシンスキー それです、まさにそれ。

ブハーリン その時私はラデックに反対しました。

ヴィシンスキー ラデックはあなたに、トロツキーの指示に従いウクライナをドイツ人に譲渡すべきであると言いましたか。

ブハーリン ウクライナについては私ははっきり記憶しています。

ヴィシンスキー そのような会話があったのか、なかったのか。

ブハーリン ありました。

ヴィシンスキー それに極東についても？

ブハーリン ウクライナについてははっきり憶えています。他の地域についても話されましたが、それがどこであるか思い出せません。

ヴィシンスキー あなたは次のように証言しましたね、「トロツキーは、一方でテロリズムの強化を推し進めながら、『連合』の出現が政権に至る基本的な機会を、ソ連邦がドイツおよび日本との戦争で敗北し、結果として国土を割譲する（ウクライナをドイツに、極東を日本に）ことにあると考えている」。それはその通りでしたか。

ブハーリン　ええ、そうでした。

ヴィシンスキー　すなわち、これが譲歩なのだね。

ブハーリン　私は賛成しませんでした。

ヴィシンスキー　そのうえあなたの証言は述べています。「私はドイツおよび日本との相互理解という考えには反対しませんでしたが、その理解が及ぶ外延に関してトロツキーに賛成しなかったのです」。

ブハーリン　次の節も続けて読んでください。その外延と性格が説明してあります。

ヴィシンスキー　十分なだけ読みました。ですからその部分について話を進めたいと思います。

ブハーリン　私は国土の割譲に反対だったと言いました。

ヴィシンスキー　いや、私が話したいのは次のことです。つまり、ラデックはあなたに、トロツキーがウクライナをドイツに譲渡する指図を与えたと話した。彼はそう言ったんですね。

ブハーリン　言いました。しかし私はトロツキーの指図が私を縛るものとは考えませんでした。

ヴィシンスキー　ルイコフはこのラデックとの会話を知っていましたか、いませんでしたか。

ルイコフ　誰に訊いているんです？

ヴィシンスキー　ブハーリンです。

ブハーリン　私は自分がルイコフに話したかどうか記憶していません。

ヴィシンスキー　ではルイコフは？

ルイコフ　彼は私に話しませんでした。

ヴィシンスキー　したがってあなたはブハーリンのラデックとの会話については知らなかった？
ルイコフ　（返答なし）
ヴィシンスキー　しかし彼はブハーリンに私的に語ったのですか。
ルイコフ　誰が？
ヴィシンスキー　ラデック。被告ブハーリン、ラデックはどのようにあなたに語ったのです？　当時あなたは何の地位を占めていましたか。
ブハーリン　私は『イズヴェスチヤ』の編集長でした。
ヴィシンスキー　あなたはラデックと『イズヴェスチヤ』の編集長として話したのですか、それとも陰謀組織の一員として話したのですか。
ブハーリン　あなたが十分完全に理解しておられるように、私は陰謀組織の一員として彼と話したのです。
ヴィシンスキー　ルイコフとトムスキーがその頃「本部」を設立しました。これらの条件が揃ってもあなたはラデックとの会話について何も話さなかったわけですか。
ブハーリン　失礼ですが、その質問に答えたいと思います。どんな質問にせよ一言で答えることは私にはできません。そうするに十分な能力を私は持ち合わせていないのです。
　我々が会える状況は陰謀的な性格のものでした。我々が仲間だけで会うということはめったになかったものですから、廊下で会った時とか、通りで会った時などを利用して時々話し合いました。私がルイコフにその話をしなかったこともありえたのです。私がこう申し上げますのは何もルイコフの潔白を証明するためではありません。それは「右翼派」の組織に存在していた陰謀的連絡方法によって説明されるべきなのです。

ヴィシンスキー　あなたはラデックと持ったような一連の会談をルイコフとで繰り返したことを否定するのですか。あなたはラデックとの重大な会談についてルイコフに話さなかったのですか。

ブハーリン　市民検事、私はトロツキーの指図が我々全部にとって義務的なものとは考えなかったのです。

ヴィシンスキー　私は指図の話をしてはいない、会談の話をしているのです。

ブハーリン　憶えていないのです。ですからその話をしたかどうか言えません。記憶にないことです。

ヴィシンスキー　あなたは否定するのではなく、憶えてないんだね。ルイコフに訊きたい。被告ルイコフ、あなたが解体といったとき、あなたはソ連邦のどの部分を想定していたのか。

ルイコフ　トムスキーが「右翼派」へのドイツ・ファシストの追加要求に関して報告した時、我々はその申し込みの基本的なところを一般的な形で受け入れました。

ヴィシンスキー　そこで問題になったのは何だったのです、つまり、ソ連邦のどの部分だったのですか。

ルイコフ　ソ連邦のどの共和国、どの部分にするかというように明確に列挙する話はされませんでした。

ヴィシンスキー　あなたは予審でも、またこの公判廷でも、カラハンがあなた方の陰謀を援助することに関してドイツ・ファシストと交渉を持ったと陳述している。それは事実だったのか、そうではなかったのか。

ルイコフ　陰謀のための援助に関する、ですか？　もし政治的援助という意味でしたら、それは我々の政治的立場への好意的な態度を保証するはずのものでした。

ヴィシンスキー　何を担保にして？

ルイコフ　すでに列挙しました。

ヴィシンスキー　国土の割譲。それはソ連邦のどの部分に関係したことなのか？

ルイコフ　我々は個別的に列挙はしなかったのです。

ヴィシンスキー あなた方は明確に限定しなかった？

ルイコフ ええ、しませんでした。

ヴィシンスキー しかしだね、ソ連邦のどの部分も明確に存在したのですよ、それに関して明確に想定するのは当然でしょう。それとも違いますか？ むしろあなた方は何か一般的な抽象的観念の内部で話し合いをしていたのですか。

ルイコフ 事実は私がすでに申し上げた通りのものです。

ヴィシンスキー ということは？

ルイコフ 我々は「右翼派」本部の実際的な活動にとって好ましい条件を受け入れたのです。それは我々の仕事の中に、白ロシアに関する我々の指導に実現されました。

ヴィシンスキー つまり当時ドイツ人が白ロシアに関心を抱いていたのですね。誰の利益のため？

ルイコフ ドイツ人が当時何に関心を抱いていたのか、私には分かりません。

ヴィシンスキー 彼らはあなた方が白ロシアを誰に譲り渡すのかを心配していたのです。譲渡するのはドイツ人へではなかったのですか。

ルイコフ ポーランド人にです。

ヴィシンスキー ではドイツ人はどうなるんです？ ドイツ人は他国人のために奔走していたことになりそうですね。誰のため？ ポーランド人のためだって？ ドイツ人はあなた方に奉仕し、その見返りにあなた方はポーランド人に白ロシアを譲与する。彼らは実に喜劇的な役割を果たしたことになりますな。

ルイコフ （返答なし）

ヴィシンスキー 最初の問題へ戻ろう。結局、カラハンはドイツ人と交渉した。明らかにこれはあなた方の「連合」が承知の上で起こったことだ。ブハーリンはこのことを知っていましたか。
ルイコフ　トムスキーが私とブハーリンにこのことについて話してくれました。
ヴィシンスキー　それならば、ブハーリンはこれについて知っていたのですね。被告ブハーリン、あなたは知っていましたか。
ブハーリン　市民検事、私はすでに二度知っていたと言いましたよ。
ヴィシンスキー　あなたはこれを是認しましたか。
ブハーリン　「これ」とは正確には何を意味するのですか。
ヴィシンスキー　あなたがすでに二度言ったそのことです。
ブハーリン　私はそれを是認しませんでした。予審において私は以下の趣旨の詳細な証言をしました、すなわちカラハンが……。
ヴィシンスキー　あなたはそれを是認したのですか。
ブハーリン　私はそれに既成事実として直面したのです。何故ならカラハンが……。
ヴィシンスキー　あなたはカラハンによって行なわれたドイツ・ファシストとの交渉を是認しましたか。
ブハーリン　市民検事、これは政治的事実であったと言っておきましょう。
ヴィシンスキー　あなたは「連合」の名においてカラハンのドイツ・ファシストとの交渉を是認しましたか。
ブハーリン　一般的に言って、交渉に関しては……私は是認しました、それはつまり得策だと考えたわけです……。
ヴィシンスキー　一般的にではなくて、カラハンが行なった交渉です？
ブハーリン　私がすでに説明しましたように、市民検事、カラハンは「合同本部」による事前の決定なしに出かけていき、戻ってきて……。
ヴィシンスキー カラハンがドイツ・ファシストと交渉したのを知っていましたか。
ブハーリン 知っていました。トムスキーおよびカラハン自身から聞いて知りました。
ヴィシンスキー あなたはそれらの交渉を是認しましたか。
ブハーリン それとも否認したか、と訊かれたら、私は否認はしなかったのですから、結果的には是認したことになるでしょう。
ヴィシンスキー 質問する、あなたは是認したのか、しなかったのか。
ブハーリン 繰り返します、市民検事、私は否認しなかったのだから、結果的には是認したのです。
ヴィシンスキー 結果的に、あなたは是認した？
ブハーリン もし否認しなかったら、結果的には是認したことになります。
ヴィシンスキー その言葉こそ私があなたに求めていたものなのだ。つまりあなたは是認した？
ブハーリン それなら「結果的に」は「つまり」と同じですね。
ヴィシンスキー 「つまり」とはどういう意味です？
ブハーリン つまり、私は是認したのです。
ヴィシンスキー しかしあなたはこれを既成事実として知ったと言いましたね。
ブハーリン ええ、しかしそれは今言ったことと少しも矛盾しません。
ヴィシンスキー 被告ルイコフを訊問させてください。
裁判長 よろしい。
ヴィシンスキー 被告ルイコフ、カラハンはこれらの交渉に彼自ら率先して着手したのですか。

ルイコフ　彼はトムスキーの指図と唱導の上で着手したのです。しかしブハーリンと私はこれらの交渉の報告を受けた時、この唱導を是認しました。
ヴィシンスキー　あなた方は交渉の事実だけでなくその唱導をも、すなわち事件全体を是認したのですね。
ルイコフ　我々を子供扱いしないでください。もしこれらの事柄を是認しないとしたら、その人はそれらに反対して闘わねばならないでしょう。これらの事柄にあっては中立を玩具にして遊ぶことはできません。
ヴィシンスキー　それでは、カラハンは、ブハーリンが承知した上で、ドイツ・ファシストと交渉を行なったと立証される。被告ルイコフ、あなたはこれを確認しますか。
ルイコフ　はい。
ブハーリン　「ブハーリンが承知の上で」とはどう意味です？　彼がその地に行こうという段階のことを私が知っていたというのは事実ではありません。
ヴィシンスキー　私は彼がその地に行こうとしていた段階を問題にしてはいない。あなたは唱導の意味を知っていますか。
ブハーリン　朧気ながら推察できます。
ヴィシンスキー　朧気ながら？　極めて明瞭な事柄について朧気に推察することを強いているのは、あなたの置かれている立場であると理解できますな。
ブハーリン　そうでしょう。
ヴィシンスキー　被告ルイコフは、ただ今あなたが出席中の法廷で、カラハンが彼自らのではなくトムスキーの唱導でドイツ人と交渉を始めたと証言しましたが……。
ブハーリン　しかしその時ルイコフも私もこれを知らなかったのです。

ヴィシンスキー　しかし後であなたが知るに及んだ時、あなたはそれを是認しましたか。

ブハーリン　ルイコフがすでにこのような事柄においては中立の立場のようなものはありえないと述べました。もし私が交渉を中止させなかったのなら、私は是認したことになるでしょう。ですからこれは私が前に言ったことの言い換えです。もし私がそれらを否認しなかったのなら、私は是認したことになります。

ヴィシンスキー　それでは、被告ブハーリン、あなたはドイツ人とのカラハンのこれらの交渉に対し責任を負っていますね。

ブハーリン　疑いの余地もありません。

ヴィシンスキー　敗北〔ソ連邦の〕のための準備に関する交渉に対して？

ブハーリン　問題はそのように設問されたのではありません。

ヴィシンスキー　あなた方に対する援助〔ドイツ・ファシストの〕に関しての交渉ということ？

ブハーリン　一般的に私は援助とか……中立化とかを……問題にしたのです。

ヴィシンスキー　ルイコフがすでにあなたに説明していますよ。

ブハーリン　彼は法廷に対し説明しているのであって、私に対してではないように見受けられましたが。

ヴィシンスキー　彼が説明したのは敵との交渉そのものが敵を助けるものだということです。

ブハーリン　まあ、そうですね、その意味では。しかし私は相違を指摘します——法律的な観点からしますと、問題が取り扱われた事情にはあなたの言い方と相違があったことを言う必要があるのです、何故なら……。

ヴィシンスキー　返礼として与えられた援助はどんなものだったのです？　陰謀の成功を助けるわけだね。

ブハーリン　陰謀活動の間、一般的に我々に対立するドイツ側の干渉があったかもしれません……しかしそれは中和させて考えるべきものであり、結局はそれも援助を意味することになります。

ヴィシンスキー　つまり、それもあなた方が権力を維持するのを助けることになるだろうというものだった。

ブハーリン　それらを中和させて目立たなくさせ、結局我々が権力を維持するのを助けることになるのです。

ヴィシンスキー　ある種の譲歩を代償に？

ブハーリン　ええ。

ヴィシンスキー　被告ルイコフは、その時期に白ロシアを分離する問題が論議されたと述べている。それを私はどう理解すればよいのだろうか。

ブハーリン　それについての私の印象は全く違ったものです。

ルイコフ　トムスキーは、ドイツ人がカラハンに話したことを我々に報告したのですが、ドイツ・ファシストたちは、経済的譲歩に加えて、民族共和国がそれぞれ分離権を与えられるべきことを主張するというのでした。我々はただちにそれをソ連邦の解体を意味するものと理解し、また解釈しました。

ヴィシンスキー　すなわち、白ロシアの譲渡を意味するものとして？

ルイコフ　そしてその時、私が記憶している限りでは（このような事柄は誰にしろ忘れてはならないことですし、忘れることもできませんが）、我々はそれを全般的な形で受諾しました。

ヴィシンスキー　「我々」というのは誰を指すのですか。

ルイコフ　私、ブハーリンそれにトムスキーです。

ヴィシンスキー　ルイコフの言葉は正確ですか、被告ブハーリン。

ブハーリン 全部正しいわけではありません、白ロシアではなくて、ウクライナについてのことでした。

ヴィシンスキー なるほど、今度はウクライナと来ましたね。だが、今まで我々は白ロシアを問題にしていたのでしょう？

ブハーリン あなたはこの点について私には訊かなかった、だから論理的には私の言ってることに何ら矛盾するものはありません。

ヴィシンスキー ではここで、被告ルイコフの調書第一冊第一一九頁の証言を提示させていただきたい。次のような陳述があります、「しかしながら、ポーランドへの傾斜の問題は、我々が政権をとる場合にポーランドの支持を得るという見地から、かなり早い時期に、すなわち一九三〇―三一年頃に起こってきたと言わねばなりません」。あなたはこれを確認しますか。

ルイコフ はい。

ヴィシンスキー ブハーリン、あなたはこれを確認しますか。

ブハーリン 私の知らないことです、記憶にありません。

ヴィシンスキー 被告ルイコフ、あなたがこの問題に言及した時、誰をあなたは想定していたのですか。

ルイコフ 私は白ロシア内の組織の代表たちと私との関係を考えていました。

ヴィシンスキー しかしあなたはこの問題をブハーリンと討議しなかったのですか。

ルイコフ それは断言できないことです。

ヴィシンスキー それではあなたの証言のその先を読ませていただくことにしよう。「その時期にはこの問題は私自身とブハーリンそれにトムスキーの間でいくどか討議の主題となりました、一方」云々。そこで訊きますが、つまりあなたはこの問題をブハーリンと討議したのですね？

ルイコフ　「この問題」というのは白ロシア内の反革命組織との協定という意味で使ったのです。恐らく私はあまり正確に表現しなかったのでしょう、しかしその言葉はそういうつもりで使ったのです。
ヴィシンスキー　明らかにあなたはそのつもりのものを想定している。ここにポーランドへの傾斜の問題は一九三〇―三一年に討議されたと明瞭に述べられています。そのうえ「この時期に」と書いてあるが、それは正確にその当時ということだし、この問題というのは、ポーランドへの傾斜の問題ということです。
ルイコフ　（沈黙の後で）私の証言にそのようなことは書いてありません、恐らく何か他の言葉があるはずです……。
ヴィシンスキー　ここではどの言葉も重要な役を演じている。
ルイコフ　全くその通りです。
ヴィシンスキー　明確に述べられています。その時期においてこの問題とは、先に話された問題だが、それはポーランドへの傾斜の問題なのです。どうぞそこを読んでください。
（ルイコフに彼の予審調書が手渡される）
ルイコフ　ここに、「その時期においてこの問題は……」と述べてありますが、これは前節の全部を指しているのでして、決して前節の最後の句を指しているのではありません。
ヴィシンスキー　その先を私が読もう。「我々がその時一致点に達した一般的な公式は、すでにその頃までにはチェルビャコーフを通じて連絡が回復されていたポーランド人たちとの交渉において、我々はソ連邦から白ロシア・ソヴィエト共和国が分離されるのに賛成するであろうという地点にまで達していました」。その通りですか？　誰とあなたはこの問題を討議したのです？
ルイコフ　私はゴロデードおよびチェルビャコーフと討議しました。彼らはこの問題によく通じていましたから。

ヴィシンスキー 彼らはよくその問題に通じていた？ ではブハーリンもその問題に通じていたのですか。

ブハーリン 私はチェルビヤコーフには会っていません。

ヴィシンスキー あなたがチェルビヤコーフに会わなかったことは問題ではない。私はルイコフに関する話をしているのです。私は彼の証言からこれら三節を彼に提示しよう。最初のを読むと、「しかしながら私はポーランドへの傾斜の問題は一九三〇―三一年に繰り返して論議されたと言わねばなりません」、と書いてあります。第二の節は、「この時期に、すなわち、一九三〇―三一年の期間に、この問題、すなわち、先に取り上げられた問題であり、ポーランドへの傾斜の問題であるが、それは私自身、ブハーリン、トムスキーそれに前白ロシア中央執行委員会議長であるチェルビヤコーフの間でいくどか討議主題となりました。チェルビヤコーフは潜伏中でしたが、一九二八年以来『右翼派』組織の特別に活動的な加盟者だったのです」とある。第三の節は、「我々がその時一致点に達した一般的な公式は、すでにその頃までにはチェルビヤコーフを通じて連絡が回復されていたポーランド人たちとの交渉において、我々はソ連邦から白ロシア・ソヴィエト共和国が分離されるのに賛成するであろうという地点にまで達していました」とある。

あなたはこれを確認しますか。

ルイコフ はい。

ヴィシンスキー 被告ブハーリン、あなたはこの事情を全て知っていましたか。

ブハーリン 一九三〇年には、このような問題は起こりうるはずのないものでした。その時分にはヒトラーは政権を握ってはいなかったのですから。

ヴィシンスキー しかしながらこの問題は起こった。あなたの反逆の歴史はヒトラーと共に始まったわけではない。
ブハーリン　その通りです。
ヴィシンスキー　あなたは一九三〇―三一年にルイコフおよびトムスキーと会って話したことがありますか。
ブハーリン　憶えていません。
ヴィシンスキー　ところでルイコフはそのような会談があった事実を証言している。もう一度訊くが、そのような会談はあったのですか、なかったのですか。はい？　いいえ？
ブハーリン　私ももう一度言います。憶えていません。私にはあなたが望むことをではなく、真に起こったことを法廷で述べる権利があります。
ヴィシンスキー　私はそんなことを訊いているのではない。
ブハーリン　私には法廷の前に発言する権利がある、だから強く言いたい。私は憶えていない。
ヴィシンスキー　憶えていない？　被告ルイコフ、あなたはどうです？
ルイコフ　このことについての最初の報告はトムスキーによってなされました。彼はその時別荘に行っていたチェルビャコーフと連絡をとって、それによって報告したのです。それから我々三人はトムスキーの報告を頼りにこの問題を討議し、白ロシアの反革命組織との接触に関するこの提案を採用しました。ともかく、それはブハーリンのいるところで行なわれました。
ヴィシンスキー　ブハーリンが出席して行なわれたことならば、ブハーリンはそれについて知っていたということになる。
　そこで、白ロシアの陰謀者地下組織の指導者の一人であるシャランゴヴィチに尋ねることを許していただきたい。被告シャランゴヴィチ、この点に関するあなたの意見は？

シャランゴヴィチ ゴロデードもチェルビャコーフもこの方針を既定の事実として我々の組織に報告しました。さらに、私が言わなければならないことは、この方針に関する会話においてトムスキーは全く話題に上らずに、ルイコフとブハーリンとが語られたということです。加えるに、チェルビャコーフは数回ブハーリンに会って話をし、その後で私に報せてくれたのですが、それのみならず彼は本部の会合の席上で、ブハーリンに言及しながら我々の組織に報告を行なったのです。

ヴィシンスキー ルイコフの答弁から以下の節を引用します。「まさにこのことに関する考え方にいくつかの代案がありました。いずれにしても整理された考えは、戦争期間中に我々が政権を握るに至った場合に、ポーランドにこの報酬を与えるということでした。その戦争、つまり帝国主義国家権力（ポーランドおよびドイツ）による攻撃であり、また我々が権力の座に着くために工作していた戦争であるが、その戦争を起こす諸要素を尖鋭化させ、刺激するために、我々は実際の諸活動の全てにおいて可能な限りはいかなることをもこれを行ないました」。

あなたはこの自分の証言を追認しますか。

ルイコフ 追認します。

ヴィシンスキー 「我々」という言葉で、あなたが想定していたのは誰ですか。

ルイコフ 私は「右翼派」本部を想定していました。

ヴィシンスキー 個人名で言うと誰です？

ルイコフ すでに私はそれについては何度となく発言しました。

ヴィシンスキー 私は何もあなたに恥をかかせようとしているのではない。もう一度言ってください。

ルイコフ　私はブハーリンを想定していました。本部は三名で構成されていました。私、ブハーリンそれにトムスキーです。結局、名前をあげるとすればブハーリンも同様に出てくるのです。
ヴィシンスキー　結局ブハーリンの名も同様にあげられる?
ルイコフ　もちろんです。
ヴィシンスキー　被告ブハーリン、あなたはこれを確認しますか。
ブハーリン　一般的に言って、本部はこのような方針を持っていました。
ヴィシンスキー　ルイコフの答弁の次の節、第一二〇頁には以下のように書いてあります。「チェルビャコーフは、ポーランド人と連絡を取りながら、白ロシアにおいて極めて集中的な活動を展開しました。彼は非合法活動で彼らと連絡を取っていたのです。彼は我々からの指令によって全ての実践上の結論を導き出したのです」。あなたはこれを追認しますか、ルイコフ。
ルイコフ　もちろんです。
ヴィシンスキー　では、チェルビャコーフもあなた方と連絡していた人たちもポーランド人と組織的連絡を維持していたことになる。
ルイコフ　そうです。
ヴィシンスキー　彼らはあなた方の指令を実行していたのだね。
ルイコフ　そうです。
ヴィシンスキー　これはスパイ組織的連絡というものではないですか。
ルイコフ　違います。
ヴィシンスキー　ではどんな連絡なのですか。

ルイコフ そこにはスパイ組織的連絡もありました。
ヴィシンスキー しかし、あなた方の組織の一部により、あなた方の指令に基づいて、ポーランド人との間に維持されたスパイ組織的連絡があったのですか。
ルイコフ もちろんです。
ヴィシンスキー スパイ組織ですね。
ルイコフ もちろんです。
ヴィシンスキー ブハーリンもその中に入っていましたか。
ルイコフ もちろんです。
ヴィシンスキー あなたとブハーリンは連絡を取っていましたか。
ルイコフ 全くその通りです。
ヴィシンスキー それではあなた方はスパイだったのだね。
ルイコフ （返答なし）
ヴィシンスキー それにスパイ行為の組織者だった？
ルイコフ 私はスパイ以下の人間としか言いようのない男です。
ヴィシンスキー あなた方はスパイ行為を組織した、つまりスパイだったのだ。
ルイコフ そう言えるかもしれません、確かに。
ヴィシンスキー スパイと言えるでしょうな。続けて質問します。あなた方はポーランド諜報機関およびそれぞれのスパイ集団との連絡関係を組織しましたか？ あなたはスパイ行為に対し自分の有罪を申し立てますか。

ルイコフ　もし組織を問題にするのであれば、この場合、もちろん、私は有罪を申し立てます。
ヴィシンスキー　被告ブハーリン、あなたはスパイ行為に対し有罪を申し立てますか。
ブハーリン　申し立てません。
ヴィシンスキー　ルイコフが言ったこと、シャランゴヴィチが言ったことを聞いたでしょう？
ブハーリン　私は自分を有罪と認めません。
ヴィシンスキー　「右翼派」組織が白ロシアに発足した時、あなたはその首魁だった。それを認めますか。
ブハーリン　すでに話してあります。
ヴィシンスキー　私が訊いているのは、あなたがそれを認めるか、認めないかです。
ブハーリン　私は白ロシアに関する事柄には何の関心をも抱いておりませんでした。
ヴィシンスキー　あなたはスパイ事件に関心を持っていましたか。
ブハーリン　いいえ。
ヴィシンスキー　では誰が関心を持っていたのです？
ブハーリン　私はこの種の活動については何の報告も受けませんでした。
ヴィシンスキー　被告ルイコフ、ブハーリンはこの種の活動についての報告を何も受けていなかったのですか。
ルイコフ　私はそれについて彼に全く話をしたことがありませんでした。
ヴィシンスキー　全く話さなかったとはどういう意味ですか？　では白ロシアの組織とポーランド人とのスパイ組織的関係に関して、あなたがブハーリンと行なった会話は一体どうなるんです？
ルイコフ　その会話の時には、それがスパイ組織的関係であることについて何ら特別の強調がなされることはありませんでした。

ヴィシンスキー 私はその関係の性質、つまりその本質について話しているのです。

ルイコフ それは避けがたいことです。こうした状況の下では、ポーランド人とのいかなる関係も自動的にまた必然的に、誰もが理解することですが、非常に急速にスパイ組織的関係に発展するのです。

ヴィシンスキー 発展するのが避けがたかっただけでなく、彼らは意を尽して発展させたのだね？

ルイコフ そうです。

ヴィシンスキー あなた方の指導の下に？

ルイコフ 私が言いたいと思っているのは、我々が自分たちからこの発展を指導したのではないということなのです。しかしながら、それは直接指導したかどうかの問題ではなくて、一般的に指導なるものが存在したのかどうかが重要な問題です。だから我々は絶対的にまた明白に、その発展に対して責任を負っているのです。

ヴィシンスキー 敬虔な表情を取り繕っても何の意味もない、被告ブハーリン。現実を受入れる方が得策というものです。そして現実とは以下のことだ。あなたは白ロシアに、ゴロデード、チェルビャコーフそれにシャランゴヴィチに指導されたあなたの共犯者、共同陰謀者のグループを持っていた。確かにその通りだね、シャランゴヴィチ？

シャランゴヴィチ その通りです。

ヴィシンスキー そしてまたあなた方は、ブハーリンおよびルイコフの指令に従い、かつ彼らの指導の下に、ポーランドの諜報機関およびポーランド参謀本部との連絡関係を確立しましたね？ それに間違いないか、シャランゴヴィチ？

シャランゴヴィチ　全くその通りです。

ヴィシンスキー　またスパイ組織的関係についてもあなたの指導によってなされた。それに間違いないか、シャランゴヴィチ。

シャランゴヴィチ　全くその通りです。

ヴィシンスキー　すると必然的に誰が、あなたが従事していたスパイ活動の組織者だったことになりますか。

シャランゴヴィチ　ルイコフおよびブハーリンです。

ヴィシンスキー　このゆえに、彼らはスパイであったということになる。

シャランゴヴィチ　全くその通りです。

ヴィシンスキー　ちょうど……。

シャランゴヴィチ　私自身と同じです。

ヴィシンスキー　着席してください。（ルイコフに）被告ルイコフ、ゴロデードは一九三二年に、白ロシアにおける指導的地位への多少とも重要な人事任命は全て、あらかじめポーランドの諜報機関と打ち合わせて行なわれた、とあなたに話しましたか。

ルイコフ　ええ。

ヴィシンスキー　ブハーリンはこれを知っていましたか。

ルイコフ　私には分かりません。

ヴィシンスキー　知らないと言うんですか？　友情を裏切りたくないんですね？

ルイコフ　私が言っておかなければならないことは、彼が真実を語っていないと私が知っている場合には、です。私は彼を暴露するでしょうが、知らない場合には、私はできもしないし、暴露する意志もないということです。

ヴィシンスキー 私が訊いているのは、ポーランド人が白ロシアにおける官吏職のさまざまな任命に対し同意を与えていたという事実に関してですよ。このことはあなた方の指導本部に知られていたのですか。

ルイコフ 私は知っていました。ブハーリンはと言いますと、それについては彼に何も話していなかったのです。私はまた、チェルビャコーフおよびゴロデードが私ばかりでなく、ブハーリンおよびトムスキーとも同様に連絡を保っていたことを知っています。彼らがこのことをブハーリンに話したかどうかは私には何とも言えません。何故なら私は彼らの会談の時には出席していませんでしたから。

ヴィシンスキー あなたはゴロデードがこの問題についてブハーリンに相談するのが自然だっただろうと考えますか。それとも彼らはそれをブハーリンには秘密にしておく必要があったのですか。

ルイコフ 私は彼がブハーリンに相談するのが自然だったと思いますが、ともかく彼らが何を話し合ったかは私には分からないことなのです。

ヴィシンスキー それでは一つの仮定を立てることによってあなたに質問します。あなたはブハーリンがこれについて知っていたと推定しますか？

ルイコフ この場の状況は……私は自分が知っていることのみを話すことを選びます。そして私が知らないことについては――この法廷内での私の立場は、仮定を立てて話を進めることを許されるような性質のものではありません。

ヴィシンスキー ではあなたは白ロシアでの陰謀の仕事についてブハーリンと何らかの会談をしましたか。

ルイコフ 実際に行なわれ、また私が記憶している唯一の会談は――恐らく他にも会談をしたことがあったのでしょうが、私の記憶には全くありません――それは我々が関係を結んだ初期の段階に持たれました。我々の関係はトムスキーがもたらした情報の結果として生じたのです。

ヴィシンスキー　何だって、あなた自身が言ったじゃないですか？　一九三一年の期間中でさえあなたとブハーリンがこれらの問題について数回話し合ったことがあった、と。つい先ほど私はあなたに予審調書の第一一九―二〇〇頁を思い出してもらいましたね。

ルイコフ　しかし会話はあなたが訊いておられることにのみ関連していたのではなくて……。

ヴィシンスキー　あなたは数回ブハーリンに会って話をしたのですか。

ルイコフ　白ロシアにある組織があって、すでに活動が始められているという事実について……。

ヴィシンスキー　どんな種類の活動ですか。

ルイコフ　我々の組織の支援のもとでの反革命活動……。

ヴィシンスキー　それはまたスパイ活動も含んだのですね。

ルイコフ　私は特にこのスパイ活動を取り上げた会話があったという記憶はありません。このような会話があったかもしれない可能性を全く認めないのではなくて、私は思い出せないのです。

ヴィシンスキー　話しなさい。ソ連邦の防衛能力の土台を掘り崩すことについてポーランド人から何らかの指図があったのですか。

ルイコフ　私は二つの事例を知っています。あなたはこの二つ前の審理中にも全く同じ質問をしました。そこで私は自分が知っている二つの事例を述べました――それは馬と道路建設《(三〇)》のことです。あなたは質問しました。何故に道路建設なのか、と。私は答えて、明らかにソ連邦の軍隊の移動を邪魔するためです、と言いました。

ヴィシンスキー ブハーリンはこのこと、つまり我々の防衛能力を分裂させ、破壊するためのポーランド課報機関の指図について知っていましたか。
ルイコフ この質問も、前のと同様に、答えられません。
ヴィシンスキー あなたはポーランドのスパイ、ウリヤーノフの反逆的活動について知っていましたか。
ルイコフ 知っていました。
ヴィシンスキー ブハーリンはそれについて知っていましたか。
ルイコフ 私は分かりません。
ヴィシンスキー あなたはポーランドのスパイ、ベネクの反逆的活動については知っていましたか。
ルイコフ 知っていました。
ヴィシンスキー ブハーリンはそれについて知っていましたか。
ルイコフ 私には分かりません。
ヴィシンスキー では、同志裁判長、次にあげるルイコフに対する訊問およびその答弁が載っている調書、第一二七頁を読むことを許可願います。「訊問。白ロシアにおけるあなた方の組織の情報提供およびその活動の指導に関して、あなたは常にもっぱら自分についてのみ語っている。だが本部の他のメンバーの役割はどんなものだったのですか？ 答弁。それは私がここで供述した通りです……」。そしてここであなたが供述したのは、ベネク、ウリヤーノフ、我々の防衛能力を掘り崩すことに関するポーランド人の指図、そしてポーランド課報機関の承諾を伴う官吏人事の任命についてだった――あなたはそれを供述しましたか。
ルイコフ それに加えて他のことも。

ヴィシンスキー　あなたはそれを供述しましたか？

ルイコフ　ええ。

ヴィシンスキー　「私がここで供述したことは、もちろん、本部の他のメンバーも、つまりブハーリンおよびトムスキーも、知っていたのです」。あなたはこれを追認しますか。

ルイコフ　これは白ロシアと我々の関係との全てに対し言えることです。

ヴィシンスキー　いや、言い逃れをしようとしてもだめです。その先を読んでみましょう。……「私がここで供述したことは」、つまりあなたがここで供述したことは戦略的報道手段に損害を与えるためのポーランド側からの指図に関係しています――これは調書の第一二九頁にあります。またベネクの反逆的スパイ活動に関係しています――調書第一二四頁。そしてまたウリヤーノフの反逆的スパイ活動にも関係しています――調書第一二五頁および一二六頁。最後に、これは第一二七頁だが、そこには次のように述べられています。「チェルビャコーフの情報から私は最も重要な事柄を記憶に留めました。すなわち、白ロシアにおける我々の指導部は西部白ロシアにある革命運動を堕落させるのに、ポーランド諜報機関から活発な援助を受け取ったのです」云々。そして訊問、「あなたは自分のことばかり話しておられるが、我々が知りたいのはこれについて知っていたあなたの共犯者たちのことなのです」。答弁、「本部の他のメンバーも、すなわちブハーリンとトムスキーもそれについては知っていました」。

ルイコフ　そこに「明らかに……であろう」という言葉が書いてあるでしょう。それは私の側の一つの推定だという意味を含んでいるのです。つまり私の言葉の確実性は直接的事実に根拠を置いていないということです。

ヴィシンスキー　私が訊いた時あなたは答えましたね、あなたは自分の知っている物事について話すことを選ぶのだ、と。

ルイコフ しかしながら私は留保を付けました――「明らかに……であろう」と。

ヴィシンスキー ここの場合は、先を読んでみれば分かります。「ブハーリンとトムスキーは知っていました……」。ここであなたは「明らかに……であろう」とは言わずに、以下のように言っている。ブハーリンとトムスキーは知っていて、シュミットもこれらの事件には部分的に係わっていたのです――あなたが言っているのはヴァシリー・シュミットのことですね。――「しかし私が自分の役割についてより多く述べた理由は、本部の決定により、白ロシアの反ソヴィエト『右翼派』組織との主要な連絡が私の手の中に集中していたからです」。これは明確ですか？

ルイコフ 私には明確です。

ブハーリン このことについては何一つ私は予審の期間中に質問されませんでした。そして市民検事、あなたはこの三か月の間、一言だにそのことについて訊問しませんでしたね。

ヴィシンスキー 私は今あなたに訊こうと思っている。それが私の権利というものです。

ブハーリン しかし予審では……。

ヴィシンスキー 親切にしてくれるのはありがたいが、予審の進め方など教示してほしくないものだ。あなたはそれについては何一つ理解していないのだからなおさらそうです。あなたがずっとよく理解しているのは、あなたが被告席に立っている理由となった諸事件についてでしょう。

ブハーリン そうです。

ヴィシンスキー あなたの決定によって、被告ルイコフは反革命組織〔白ロシアの〕との連絡の任につかされたのですか。

ブハーリン　全般的に、彼は責任を負わされました。
ヴィシンスキー　そしてあなたの身分は秘密メンバーだった？
ブハーリン　内部では秘密の身分というものはありませんでした。
ヴィシンスキー　白ロシアのグループとの関係に関しては？
ブハーリン　一般に全ては秘密裡に行なわれました。
ヴィシンスキー　しかしあなたの身分は特別に秘密なものだった？
ブハーリン　その言い方はこの場合には適用できません。適合していません。
ヴィシンスキー　あなたは言い方で議論をしたいのですか。
ブハーリン　いいえ、議論などしたくありません。その反対に、沈黙していましょう。
ヴィシンスキー　私は本法廷に次のことを認証するよう求めます。私がここで引用したものは、ルイコフが署名した調書の原文と全く同一のものであることを、です。また私はルイコフが自分の署名を確認するために、この調書が彼に提示されるよう要請いたします。
ルイコフ　私はそれ〔署名〕を否認はしません。
ヴィシンスキー　「明らかに……であろう」という言葉はその前の文章には係っているが、ブハーリンに関しては「明らかに……であろう」という言葉は関係していない。「ブハーリンとトムスキーは知っていて、シュミットは部分的に係わっていました」。
裁判長　これらの引用が、各頁に署名のある調書原文と符合することを認証します。
ルイコフ　私は「明らかに……であろう」という言葉が、引用された全文に係っていると確信します。
ヴィシンスキー　「明らかに……であろう」という言葉はそこにはない。

ルイコフ 私の証言は――つまり「ブハーリンとトムスキーは知っていて、シュミットは部分的に係わっていました」という文章は、「明らかに……であろう」という言葉を冠して理解されるべきであります。私は優秀な文章家ではありません。もし私が最初の文章の中で「明らかに……であろう」という言葉を使った場合、次の文章は最初の文章の言い換えを表現していますから、「明らかに……であろう」という言葉が暗に含まれているのです。

ヴィシンスキー ではあなたの推定によれば、ブハーリンはこれらのスパイ組織的関係について知っていたと思いますか、知らなかったと思いますか？

ルイコフ 彼は知っていたはずです、がしかし私ほど詳細には知っていなかったでしょう。ですが、どの項目なり、事項なり、事実を私が彼よりもずっと細部にわたって関係し、また知っていたのか、私には分かりません。

ヴィシンスキー もし本部の決定によりあなたが白ロシアのグループと連絡を維持する任務を委ねられたのならば、あなたは連絡の全ての詳細を知っていたことになる。

ルイコフ 違います。

ヴィシンスキー あなたが継続していた連絡を通じて、あなたは自分がしていたことの全てを知っていたはずです。

ルイコフ 私がしていたことの全てを知っていたはずですって？ あなたが何を追及しておられるのか、私には分かりません。

ヴィシンスキー 私が訊いているのは、あなたは自分がしていること全てを知っていると想定されていたか、ということです。

ルイコフ　私がしていたことの全て？

ヴィシンスキー　当然。

ルイコフ　つまり、あなたは私が意識的な状態にあったのか、無意識的な状態にあったのかを尋ねているのですね？　私は常に意識的な状態にありました。

ヴィシンスキー　そしてブハーリンも全てを知っていたのですか。

ルイコフ　私はブハーリンに細部については話しませんでした。

ヴィシンスキー　私は細部について訊いているのではない。その本質についてです。ブハーリンはその本質を知っていたのですか。

ルイコフ　連絡の本質についてはブハーリンは知らされていましたから、それについて彼は知っていました。

ヴィシンスキー　それこそ私が確証したいと思っていたことなのです。ではルイコフおよびブハーリンがスパイ行為を含む売国的連絡関係の本質を知っていたことは、確証されたものと考えてよい。それに間違いありませんか、ルイコフ？

ルイコフ　その、つまり、スパイ行為は後になって起こったことです。

ブハーリン　つまり、その後に起こったことから、私は初めてその何かを知ったのです。

ヴィシンスキー　それは暇な時十分議論することにしましょう。

ルイコフ　もはや暇な時間がやってくることはないでしょう。

ヴィシンスキー　それは本法廷が決定することです。私はこれ以上訊くことはありません。

裁判長　被告ブハーリン、その先を続けなさい。

ブハーリン　すでに一九三三―三四年にクラーク階級は粉砕されていて、叛乱運動は現実的可能性を持つものではなくなってしまいました。ですから「右翼派」組織の本部には再び反革命的、陰謀的騒動へ向かうべき方向付けが中心的な見解となった時期がやってきました。こうして、「宮廷騒動」から、騒動と大衆叛乱との結合から、そしてそれに相応する実際上の諸結果を伴う大衆叛乱への方向付けから、我々は純粋で単純な反革命陰謀へと移行したのです。そしてその中心的な見解は武装された陰謀という手段によって遂行されるべきクーデターの思想となりました。

陰謀の武装力は、エヌキーゼ・プラス・ヤゴーダの兵力、すなわちクレムリン内部、および内務人民委員部内の彼らの組織でした。エヌキーゼはまた、私が記憶している限りでは、その頃、前クレムリン衛戍司令官であったペテルソンの協力を得ることに成功しました。ついでですが、このペテルソンはある時期トロツキーの〔装甲〕列車警備司令官をしていました。

それから陰謀者の軍部関係組織がありました。トゥハチェフスキー、コルクその他です。

ヴィシンスキー　それは何年のことでした？

ブハーリン　一九三三―三四年頃であったと思います。

ヴィシンスキー　それに同じ頃あなたはホジャーエフと敗北主義的かつ売国奴的性質の交渉を行なっていた？

ブハーリン　私はホジャーエフとは一九三六年に一度話をしたきりです。

ヴィシンスキー　一九三六年にだね。それは何についての話し合いだったのですか。

ブハーリン　えっ、どの？　この話ですか？

ヴィシンスキー　あなたがホジャーエフとした話です。

ブハーリン　一九三六年に？

ヴィシンスキー　そうです。

ブハーリン　正しく言いますと、私はホジャーエフの証言から知ったのです。彼が本法廷で述べたことを聞いたのです。それに彼の証言したことについてはかなり多くの訂正を申し出たいと思っています。

ヴィシンスキー　まず我々は訂正の必要がない事柄を取り上げよう。その後であなたはその訂正を申し出たらいいでしょう。

ブハーリン　おっしゃる通りにしましょう。

ヴィシンスキー　あなたはホジャーエフに、すでにファシスト・ドイツとの協定があることを話しましたか。

ブハーリン　いいえ、話しませんでした。

ヴィシンスキー　（裁判官席に向かい）被告ホジャーエフを訊問することを許可願います。

被告ホジャーエフ、ブハーリンはあなたと会って話をしましたか。

ホジャーエフ　はい、しました。

ヴィシンスキー　どのように、いつ、どこで、また具体的にはどんなことについてでした？

ホジャーエフ　八月のことで、ブハーリンがタシュケントへやって来た時でした……。

ヴィシンスキー　前に法廷で陳述したことを簡明に説明しなさい。

ホジャーエフ　私は予審の時にも証言しましたし、本公判でも証言しました。私とブハーリンとの会談はチムガンにある私の別荘で行なわれました。

ブハーリン　私も同じことを述べました。

ホジャーエフ　ソ連邦の置かれている国際的状況を概観した後——これについては予審の証言で詳細に話

しました――そしてソ連邦の内部的状況を再吟味した後に、ブハーリンは我々の活動をソ連邦の挫折を促進させるような方向へ向かわせる必要があると言いました。

ヴィシンスキー　つまり、それが自然的な過程であると彼は考えたのだね？

ホジャーエフ　彼が言ったことによれば、内部的そして国際的状況がこのような方向へ次第に導いていた、というのです。彼は、我々「右翼派」はファシスト・ドイツと協定を結んでいるし、日本とも協定を結ぶ計画がある、と言いました。

ヴィシンスキー　被告ブハーリン、あなたはホジャーエフの別荘へ行って彼に会いましたか。

ブハーリン　会いました。

ヴィシンスキー　そして会談を行ないましたか。

ブハーリン　私は会談を行ないましたし、終始冷静に運びました。しかしだからといって、このことから、たった今ホジャーエフが話したことをその時私が取り上げたという結論にはなりません。この時は最初の会談でしたし……。

ヴィシンスキー　それが最初の会談であったか、なかったかは全く重要ではない。あなたはこのような会談があったことを確認するのですか。

ブハーリン　このような会談ではなく、もっと違ったものでした。それに秘密の会談でした。

ヴィシンスキー　私が尋ねているのは、一般的に言っての会談についてではない。この会談について訊いているのです。

ブハーリン　ヘーゲルの『論理学』の中では「この」という言葉は最も難しいものと考えられていまして……。

ヴィシンスキー　私は本法廷に対し以下のことを被告ブハーリンに説明するよう要請します。すなわち、彼が哲学者の資格でここにいるのではなく、罪人としているのだということ。そしてヘーゲルの哲学についてここで語ることは差し控えた方がより有効であろうし、まず第一にヘーゲル哲学のためにもその方がずっと仕合わせだろうということ……。

ブハーリン 哲学者は犯罪人でありうるのです。

ヴィシンスキー そう、つまり、自分を哲学者であると想像する人たちの中には後でスパイだったと分かる者がいます。哲学はこの場所で論じるには相応しいものではない。私はホジャーエフがたった今話したあの会談について尋ねているのです。あなたはそれを確認するのですか、もしくは否認するのですか。

ブハーリン 私は「あの会談」の「あの」という言葉を理解しかねます。我々は彼の別荘で会談をしたのです。

ヴィシンスキー あなたが理解しかねる何があるというのです？ その会談、つまりこの場でホジャーエフによって語られた会談の内容について訊いているのです。これで明瞭ですか。

ブハーリン もしあなたが会談の内容のことを言っているのでしたら、その内容はいくらか違ったものでした。しかし別荘におけるこの会談は実際に行なわれました。

ヴィシンスキー 何が違った内容です？

ブハーリン 私がホジャーエフと政治について語らった、私の生涯で最初の時でした。このことが会談の性格を説明しています。我々が強力な手段でソヴィエト政権を転覆するように準備することが必要であり、またこの目的のために当地で起こるかもしれないありうべき大衆運動を利用する必要がある、と私は彼に話しました。第二に……。

ヴィシンスキー それはファシスト・ドイツとの協定とどんな関係があるんですか。

ブハーリン　私は協定については何も言いませんでした。
ヴィシンスキー　被告ホジャーエフ、ブハーリンは協定について話しましたか。
ホジャーエフ　私は、彼がここで語った事柄を私に話したことを認めます。しかしその話のすぐ後で彼はドイツとの協定について話したのです。
ヴィシンスキー　イギリスについての話はありましたか。
ホジャーエフ　ええ、ありました。彼は言いました、イギリスとの協定が考慮されていて、「右翼派」本部は自分の方からこの協定を実現するための手段を講じるであろう、と。また我々、ウズベキスタンの民族主義者組織の本部も、自ら進んでこの方向での必要な段階を踏み出さなければならない、と。
ヴィシンスキー　ということは？
ホジャーエフ　イギリスの在留外交官との連絡を確立するという意味でです。
ヴィシンスキー　誰を通じて？
ホジャーエフ　「誰を通じて」という質問に関しては、我々、私とブハーリンが、指令という意味ではなく、ただ単に会話の過程の中でこのことを設定したということなのです。
ヴィシンスキー　それは相談だった？
ホジャーエフ　そうです。
ヴィシンスキー　被告ブハーリン、あなたはホジャーエフの証言のこの部分を確認しますか。
ブハーリン　私がホジャーエフに話したのは、我々の外国との政治的接近には、我々はイギリスも含んだあらゆる手がかりを利用しなければならない、ということです。
ヴィシンスキー　つまりあなたはイギリスへの接近について話したのではなく、イギリスが手がかりであることについて話したわけですね？
ブハーリン　お気に召すのでしたら、イギリスが手がかりであることについて、です。
ヴィシンスキー　しかしもっと平易な言葉で言うことはできないものでしょうか。
ブハーリン　外交政策においては我々はもっぱら日本およびドイツの中立化と両国からの援助という方針を進めていました。しかしながら、そのことは国際関係の諸矛盾を利用する必要性を排除するものではありません……。
ヴィシンスキー　あなたはどの国に向かって、あなた方の方針が進む必要があると考えたのですか。
ブハーリン　失礼ですが、私は話の途中です。あなたは黙っていてほしい。
裁判長　被告ブハーリン、ここでの質疑応答を規制するのはあなたではないことを忘れないように。
ヴィシンスキー　私が訊いているのは、あなたの見解です。どの国に向かってあなた方の方針を進める予定だったのか。
ブハーリン　私が彼に話したのは、国際間の諸矛盾を利用する必要があるということ……。
ヴィシンスキー　被告ブハーリン、あなたはホジャーエフの証言を確認しますか。
ブハーリン　私が言ったのは、我々はいろいろな外国の国家と関係を持たねばならないであろうこと、そしてある一グループをなす諸外国とだけ関係を持つことが不可能だというのではなく、他の諸外国とも同様に関係をつける必要があるだろう、ということでした。
ヴィシンスキー　それからすると、あなたはホジャーエフに、あなた方がさる諸外国に方向付けをする必要があると、確かに言ったのだね。
ブハーリン　いいですか、私は「方向付け」という表現は曖昧ですから使うのを止めました。それですから、私はその表現をもっと明確にしようと思います……。
ヴィシンスキー　いいでしょう、さっそく明確に言ってみてください。
ブハーリン　私が彼に話したのは……。
ヴィシンスキー　イギリスについては何か話しましたか。
ブハーリン　話しました。
ヴィシンスキー　日本について話しましたか。
ブハーリン　話しました。
ヴィシンスキー　ドイツのことで何か話しましたか。
ブハーリン　話しました。
ヴィシンスキー　ソヴィエト政府に対するあなた方の闘争を利するために、ある一方をなす諸外国をも他の諸外国をも利用する必要があるという趣旨の話をしましたか。
ブハーリン　問題はそんなふうには提起されませんでした。なにぶん、ホジャーエフとは初めて会って話したのですから。
ヴィシンスキー　ところがあなた方はソヴィエト政府の転覆について話した！　この最初に会って話した時に！
ブハーリン　ええ、極めて単純な理由からでした。あなたがそんなに大袈裟な身振りでわめくようなことではないのです。
裁判長　被告ブハーリン、あなたが今どこにいるのかを弁《わきま》えてほしい。
ブハーリン　この会談は完全な秘密を伴い、一言だに外部には話されないという条件で行なわれました……。

ヴィシンスキー　私は条件のことを訊いているのではない。会談の内容について質問しているのだ。
ブハーリン　私は予審の時の証言の中で使ったのと全く同じ言葉を使っているのです……。
ヴィシンスキー　しかし私は言葉を問題にしてはいない。どうやら私は訊問を手短かに切り上げねばならないようです。何故なら明らかにあなたは一定の戦術を辿って進めようとして、真実を語ろうとはしていないからです。言葉の洪水の背後に隠れ、屁理屈をこねまわし、政治学や哲学や学説その他諸々の領域に脱線するといった具合に。そんなことなどもう永久に忘れてしまう方がいいでしょう。あなたはスパイ行為で起訴されているのです。それに審理の全資料によれば、あなたがある諜報機関のスパイであることは明白です。だから屁理屈をこねるのはやめなさい。あなたがそんな方法で自己弁護するつもりなら、私は訊問を早々に切り上げます。
ブハーリン　あなたの質問に答えましょう。
ヴィシンスキー　あなたはあなた方の陰謀グループが準備していたソヴィエト政府の転覆について、ホジャーエフと話しましたか。
ブハーリン　ぼんやり、漠然とした定式にして話しました。
ヴィシンスキー　しかしそれらの定式は彼が理解できるようなものでしたか。
ブハーリン　全くその通りです。
ヴィシンスキー　（ホジャーエフに）あなたは理解しましたか。
ホジャーエフ　完全に理解しました。
ヴィシンスキー　これによって、問題は言葉にあるのではなくて、その内容にあることが分かります。あなたは、あなた方の外交関係においていろいろな諸外国に接近する必要があるし、ソヴィエト政府に対するあなた方陰謀者集団の闘争のために、ソ連邦の内部的諸矛盾および国際間の諸矛盾を利用する必要がある、と言いましたか。

ブハーリン　その通り。

ヴィシンスキー　そう言ったのですか。

ブハーリン　言いました。

ヴィシンスキー　それならば、ホジャーエフは、あなたが彼にイギリスのスパイとの連絡関係について語った、と言っているが、それは正しいということになる。

ブハーリン　しかし、そのような事実はありませんでした。

ヴィシンスキー　（ホジャーエフに）それは事実あったことなのだね、ホジャーエフ？

ホジャーエフ　ありました。

ブハーリン　しかしそれは馬鹿げています。援助はスパイによって決定されることではない……。

ホジャーエフ　私はスパイとは言っていない。在留外交官と言ったのです。

ヴィシンスキー　つまりスパイだけではなくて、在留外交官も、ということだ。

ホジャーエフ　我々は、タジーク人を通じて活動するか、もしくはアフガニスタンに人を派遣するかするのが最良である、と意見を固めました。

ヴィシンスキー　（ブハーリンに）あなたはこれを否定しますか。

ブハーリン　否定します。それに前には誰もそれについて質問しませんでした。

ヴィシンスキー　そう、しかし今私は質問しています。

ブハーリン　監獄で過ごした一年間の間に一度も私はそれについて質問されませんでしたが。

ヴィシンスキー　我々は今ここで、公開のプロレタリア階級法廷で質問している。我々はここで、この法廷で全世界を前にしてあなたに質問しているのです。

ブハーリン　しかしあなたは前にはこのことについては質問しなかった。

ヴィシンスキー　もう一度、ここでなされたあなたに不利な証言を基に、私はあなたに訊きます。あなた方がどこの諜報機関の協力を得ていたのか、イギリスのか、ドイツのか、または日本のか、あなたにそれを、ソヴィエト法廷を前に、進んで言ってもらいたい。

ブハーリン　何にもなかったのです。

ヴィシンスキー　私はもはやブハーリンに訊くべき問いは何もありません。

裁判長　三十分間休廷する。

＊　＊　＊

法廷指揮官　開廷します。起立願います。

裁判長　ご着席ください。審理を再開します。被告ブハーリン、あなたの証言を続けなさい。ただ要点をはずさずに話すように。

ブハーリン　分かりました。そうします。

　私は前回に以下のことを述べました。すなわち、犯罪的反革命陰謀組織が作られたこと。そしてその組織はクレムリン内部の組織と内務人民委員部内の組織であるエヌキーゼとヤゴーダの勢力、軍部関係の組織、そして軍部グループ陰謀者の指導下にあるモスクワ守備隊の勢力を含んでいたわけですが、その他の勢力や「トロツキー派」および「ジノヴィエフ派」で構成されたカードルを利用するのを排除するものでないことは自明の理です。これは次の事情からなおさらそうなのです。軍事クーデターの実践的組織化を発展させた勢力を、直接に組織したのは軍部関係グループであり、そのグループ自体の内部に比較的長期間にわたって「右翼派」、「トロツキー派」および「ジノヴィエフ派」の連合が存在していたこと、そして、私の記憶に間違いがなければ、「ジノヴィエフ派」は、「連絡本部」が結成される以前からこの軍部グループに加入していたこと。

第十七回党大会に先立つ頃でしたが、トムスキーは武装反革命勢力の援助を結合したクーデターを、まさに第十七回党大会の開会式に時間の照準を定めて決行するという案を提出しました。トムスキーの案によれば、このクーデターの絶対不可欠の役割は恐るべき犯罪――つまり第十七回党大会を阻止する、ということでした。

このトムスキー提案は、非常に粗略なものでしたが、討議に付されました。しかし四方八方からこの案に対する反対意見が提出されました。私の説明が間違っているかもしれませんが、ことの次第は次のように経過したと思います。最初この案は「右翼派」本部で討議されました。しかし、そこではそれが却下されてしまいましたので、問題はいわゆる「連絡本部」で討議されることになったのです。

ピャタコフはこの案に反対しましたが、それはその本質を熟考したからではなく、戦術上のことを考慮して反対したのでした。つまり、それは大衆の間に極度の憤激をよび起こすだろうというのでした。一言で言えば、反対意見の発言の多くは、問題の本質を把握したからではなく、純粋に戦術的考慮からだったと言えます。この提案は棄却されました。しかしながら、このような提案が抱懐され、しかも討議に付されたという事実はただそれだけで、この種の組織の怪物性と犯罪性の全てを十分明瞭に物語っています。

私は次のことを言わなければなりません。ずっと以前のことでしたが、私は個人的にセミョーノフに指示を与え、テロリスト・グループの組織化を依頼し、事後にこのことを我々の「右翼派」本部に報告しました。それは容認されました。ですから、私はセミョーノフのテロリスト・グループ組織に対しては、本部の他のメンバーの誰よりも責任があります。

私はまた、話を中断して先に進まねばなりません。すでに私が部分的に触れた考え、または私が述べた事実――つまりさまざまな反革命勢力、特にそして特殊的に社会革命党員およびメンシェヴィキ党員と我々との同盟について述べます。私の理論的、系統的説明ばかりでなく、当時の私の直接の実際的な活動に関して、私がこの種の関係を、多くの媒介者を通じ、また個人的に確立しようと試みたことを証言しなければなりません。また私は、一昨日の審問において取り上げられた社会革命党員セミョーノフに、社会革命党中央委員会の地下運動者と連絡をとるよう依頼しました。もし私が間違っていなければ、その地下運動者たちはその時追放の身でした。もちろんそのことで事情が変わるわけではありません。つまり結局、私は以上の事実に対し、「右翼派」本部のメンバーとしてばかりでなく言葉そのままの意味で、直接に責任があるのです。

第二に、私はチェルノーフ某を通じて国外の社会革命党の組織およびグループと連絡をつけようとしました。この男は我々の組織の外交官の任にあった一人でしたが、私は彼とは学校仲間の頃以来、すなわち彼が当時の社会民主主義的組織のメンバーであった時以来の長年の知り合いでした。私がこんな話をするのは歴史学へ寄り道するつもりからではなく、その頃の仕事の陰謀的性格にもかかわらず、彼をこのように信頼していた理由を説明し、明示するためなのです。それから彼は社会革命党中央委員会との関係を確立しようと試みました。帰国した時、彼は問題を詳細に私と論議する時間がなかったのですが、私はこの会話から次のようなことを突き止めました。つまり、社会革命党派は、「連合」の支持および「右翼派」、「トロツキー派」、「ジノヴィエフ派」その他との接触の維持には原則的に同意した。しかし彼らはほとんど公文書の形式をとらんばかりの形式的な保証を要求し、その彼らの条件というのは、農民政策はクラークへの傾斜を基調精神として変更されるべきであり、また社会革命党およびメンシェヴィキ党は合法化されるべきである、ということでした。これは明らかに、陰謀が成功した場合に発足する政府は連立政府になるだろうということを意味しています。

その他に、ルイコフと会談した後で、一九三六年、私の最後の外国旅行の際に、私はメンシェヴィキ党員ニコラエフスキーと接触しました。彼はメンシェヴィキ党の指導者仲間に極めて近いところにいたのです。ニコラエフスキーとの会話から私は、彼が「右翼派」、「ジノヴィエフおよびカーメネフ一味」それに「トロツキー派」の間の協定について知っていること、そして「リューチン綱領」を含めて彼は一般に事態の全てについて知識を持っていることを突き止めました。我々の間で話された具体的で新しい要素といえば、「右翼派」本部、あるいは「連絡本部」、あるいは一般に陰謀の上部組織が露顕した場合には、ニコラエフスキーを通じて第二インタナショナルの指導者たちと協調し、彼らが出版物で適切な運動を起こすようにする、ということでした。

私の他に、「右翼派」および「トロツキー派」の組織の（この場合私は「右翼派」について話すことはできますが、他の諸派については情報を持っていません）主な指導者の何人かもまた、ずっと以前に結成されていた反革命組織の代表者たちと連絡をとり、犯罪的な関係を持っていました。ルイコフはニコラエフスキーを通じてメンシェヴィキ派と関係を結びました。言い忘れましたが、私にとってニコラエフスキーと会うのが容易であったのは、いや容易であったばかりでなく、カムフラージュされていたのは、私がこのニコラエフスキーとは公用で会う必要があったという事実に因があったのです。こうして全く合法的な遮蔽物をその背後に置いて、私は反革命的な会談を続け、あれやこれやについて一致点を見出すことができました。スミルノフは、フォーマと人は呼んでいましたが、長く継続された重要な連絡をとっていました。これらの関係は彼がまだ農業人民委員であった頃にできたものです。ご承知のように、農業人民委員部には多くの社会革命党および社会革命党をめぐる運動の著名な人物がいました。

ですから、そこには疑いの影一つないのでして、私は以下のことを全てそのまま認めます。つまり「トロツキー派」、「ジノヴィエフ派」、「カーメネフ派」そしてブルジョア民族主義者組織との「連合《ブロック》」の他に、さらに社会革命党員たちおよびメンシェヴィキ派と全く直接に、また現実に、接触があったことであり、またそのことに対し、「右翼派」本部の一指導者として、もちろん直接大いに責任を負うべきは私自身であったということです。その問題となる組織は、まず第一に、本国に留まった地下社会革命党員たち、つまり公認社会革命党の前中央委員会であり、第二には、主に憲法制定議会の前書記であるマルク・ヴィシニャクのような人物をめぐって集まっていた国外の組織でした。

セルゲイ・ミロノヴィチ・キーロフの暗殺に関連して、「トロツキー派」および「ジノヴィエフ派」の大崩壊があった後、この……。

ヴィシンスキー　あなたは早々と次の時期のことに移ろうとしているようですが、私は社会革命党員たちに関して、少し質問したい。ベッソノフは、彼がプラハへ旅行し、セルゲイ・マスロフと会ったことについて、この公判で証言しました。ベッソノフとマスロフとの会談においては、ブハーリンおよびルイコフが引き合いに出された、とベッソノフはここで陳述しました。憶えていますか。

ブハーリン　彼が言ったのは、彼がブハーリンおよびルイコフの地下活動について知らされた、ということだと私は思いました。

ヴィシンスキー それです。あなたが先に進む前にベッソノフに訊きたいと思ったことは。被告ベッソノフ、マスロフは、あなたにブハーリンの地下活動について知っていると話しましたか。

ベッソノフ 彼は「右翼反対派」の反革命的見解と彼らの地下活動を知っていると話しました。

ヴィシンスキー 被告ブハーリン、あなたはマスロフと直接の連絡がありましたか。

ブハーリン いいえ。

ヴィシンスキー あなたはマスロフがプラハで何をしていたか、彼が反革命的なクラーク一党の組織者であったこと、また彼が外国の諜報機関から出る金と自分の新聞、雑誌からの収入で暮らしていたことを知っていますね？ その通りですか、被告ベッソノフ？

ベッソノフ 確かに間違いありません。

ヴィシンスキー 彼は誰を通じて情報を得ていたのですか。

ブハーリン 私には分かりません。しかしそれは国外にある社会革命党中央委員会の生き残りのメンバーを通じてであったと思います。

ヴィシンスキー あなたは社会革命党の中央委員会と関係していたのですか。

ブハーリン フレノフを通じて、私はラポポルトと連絡をとっていました。

ヴィシンスキー 社会革命党員ですか。

ブハーリン このラポポルトはマルク・ヴィシニャクと連絡をとっていました。

ヴィシンスキー そして彼らは互いに連絡し合っていた？

ブハーリン 分かりません、が憶測はできます。亡命の身にあっては旧い友だち同士は普通接触を保ち合うものです。

ヴィシンスキー　つまりあなたは、セルゲイ・マスロフがあなた方の地下活動について情報を受け取っていたのは、国外にある社会革命党組織の中央委員会のメンバーを通じてであったと推測するんですね、あるいは……。

ブハーリン　あるいはラポポルトを通じ、あるいはヴィシニャクを通じてです。

ヴィシンスキー　そしてルイコフについてはニコラエフスキーを通じて？

ブハーリン　いや、私はそうは思いません。

ヴィシンスキー　被告ルイコフ、あなたはセルゲイ・マスロフが情報を得ることができたことについてどんな推測をしますか。

ルイコフ　この点については私には何の情報もないし、推測もできません。

ヴィシンスキー　あなたはあなた方の地下活動について、メンシェヴィキの関係筋に通知しましたか。

ルイコフ　いいえ。

ヴィシンスキー　では、それはどんな具合だったのです？

ルイコフ　彼らは私が中央委員会〔共産党〕に対立する活動を指揮していることを知っていました。

ヴィシンスキー　どうして知ったのです？

ルイコフ　彼らは、私から聞いたのです。

ヴィシンスキー　しかしあなたが前に言ったのは……。

ルイコフ　私はあなたの質問の意味を、ある組織が活動を指揮しているということだと理解したのです。しかしどんな種類の活動かは……。

ヴィシンスキー　地下の、反ソヴィエト活動。彼らは知っていたのですか。

ルイコフ　彼らはその程度には知っていましたが、もっと具体的な事柄は知らなかったのです。

ヴィシンスキー　しかし彼らにとっては、もっと具体的な事柄を知る必要はなかったのです。したがって我々は、ニコラエフスキーが参加していた亡命者サークルは、あなた方の地下活動について彼から知らされたと推測できますね？

ルイコフ　私はこのことについては何も言えません。

ヴィシンスキー　ここでは鑑定家たちの証言が求められているのではないんです。あなたの連絡関係の説明をしてほしいだけです。

ルイコフ　私の連絡関係についてはすでに述べました。あなたはこの連絡がマスロフまで進んだかどうか尋ねているのですか。

ヴィシンスキー　もちろん。

ルイコフ　その通りでした。

ヴィシンスキー　あなたはあなた方の地下活動についてニコラエフスキーに知らせましたか。

ルイコフ　はい。

ヴィシンスキー　被告ブハーリン、ベッソノフの証言からは、マスロフが「右翼派」との連絡を持続し、彼らの反革命活動の情報を知らされたと理解できますね。あなたは、この反革命組織の指導者として、必然的にこの連絡の活動範囲内にもいたことになります。あなたはこれを確認しますか。

ブハーリン　私はその連絡の活動範囲内にはいませんでした。私は社会革命党員たちとの連絡範囲内にいたのです。私は亡命者サークルがやっていたことについては何の知識もありません。しかしあなたの質問に対する返答として、ありうべき経路について憶測はできます。
ヴィシンスキー　どんな経路を通じて、この連絡を渡すことができたのでしょうか。
ブハーリン　ええ、これを渡せた経路のことです。
ヴィシンスキー　被告ブハーリン、先へ進みなさい。
ブハーリン　そうです。私は「右翼派＝トロツキー派連合」の構成の問題のところまでで止めました。そして「連合」は、その構成要素からも分かるように、「右翼派」＝「トロツキー派」本部《センター》と呼ばれていますが、実際には、その運動者たち、あるいはその環境という観点からばかりでなく、まさにその構成という観点からも、ずっと広い内容を持っているのです。
ヴィシンスキー　あなた方の「本部《センター》」と「連合《ブロック》」のこれらの関連について話しているのに、あなたは外国の諜報機関およびファシスト一味との関係については何も言っていない。
ブハーリン　私はその問題について何も証言することがありません。
ヴィシンスキー　すでにあなたが証言したことの他には？
ブハーリン　そう。すでに私が証言したことの他には、です。
ヴィシンスキー　では、続きを。
ブハーリン　ファシストたちがドイツで政権を握った時、反革命組織の指導者の間で、戦争という状況に関して諸外国を利用することができるかもしれないということで、意見の交換が始められました。さて私は次のことを率直に話さねばなりません、また私が正確に記憶していることを本法廷に語ることにします。つまり、法廷が考慮すべき事柄にとって、また法的制裁の決定にとっても非常に重要な主題であるこの問題において、「トロツキー派」はあからさまに領土の割譲に賛成でした。それに対し、概して「右翼派」反革命組織の指導者仲間で主に関心の対象となった譲歩は、貿易協定、関税、価格、原料の供給、燃料などといった、一言で言えば各種の経済的性格の譲歩だったのです。私が証言を始めた時、本法廷に対し述べたことは、反革命的連合の指導者の一人として、私は単に歯車の歯の一つのようなものではないこと、そしてこの組織によって行なわれたまったく全てのことに責任を負っている、ということでした。しかしながら、具体的な事項に関する限りでは、この場合はそれに該当していると思いますが、「連合」における指導的原理なり、闘争の激烈さとか極端な犯罪的連絡関係とかの点から見た最も活動的な政治的原理なりは、結局、「トロツキー派」側のものだったのです。繰り返しますが、何も私は「右翼派」側の責任を否認するために言うのではありません。何故なら、この事例の場合、犯罪学の視点からは誰が最初に「アー」と言い、誰がこの「アー」を繰り返し、誰がそれを暴露し、報告したのかということは重要ではないのです。しかしこの事例の内的力学という観点からは、またトロツキーの個人的役割を説明するという観点からも、不幸にして彼は本法廷の手が届かないところにいますが、この問題には一定の重要性があると思われます。またそれゆえに、失礼ながら私はそれをこの場で強調するのです。

一九三四年の夏、ラデックはトロツキーから指令を受け取ったこと、トロツキーがドイツ人と交渉を行なっていること、そしてトロツキーはすでにドイツ人にウクライナを含んだ多くの領土的譲歩を約束していたことを私に話しました。もし私の記憶に間違いがなければ、その時日本への領土的譲歩も同様に話に出ました。全般的に、これらの交渉においてすでにトロツキーは近い将来に武装叛乱によって権力を握ろうとしている陰謀者としてばかりでなく、自分がすでにソヴィエト国土の主人のように感じていたのです。彼は国土をソヴィエトのものから非《ノン》ソヴィエトのものへ転換したいと思っているのです。

その時私がラデックに抗議したことは申し上げておく必要があります。ラデックは、私と本法廷で対決した時と同様に、彼の証言の中でも確認していますが、私はこの領土的譲歩に反対したのです。つまり、私はラデックに、彼がトロツキーに返事を書いて、トロツキーがこれらの交渉においてあまりに行きすぎていること、したがって自分自身の名を傷つけるかもしれないだけでなく、全ての彼の同盟者たち、特に我々「右翼派」の陰謀者の身に累を及ぼすことになるだろうこと、そしてそれは我々にとってある災厄を意味することなどを言ってやることが緊要であると考えたのです。全く疑いの余地もなく、大衆の愛国心が高まってきた時であることを考えると、このトロツキーの見解は陰謀という計略それ自体の見地から、政治的にも戦術的にも不適当であるし、そういう場合にはむしろ増々慎重さが必要とされる、そのように私には思われたからです。

ヴィシンスキー　誰がそう言ったのです？

ブハーリン　私が言いました。それに私は予備交渉は不必要であるとさえ考えました。

ヴィシンスキー　露顕を避けるため？

ブハーリン　いいえ、他にも考慮すべき問題があったので……。

ヴィシンスキー　たった今言ったように、あなたはその時これは行きすぎになるかもしれないと指摘しました。……あなたは露顕を恐れていた？

ブハーリン　私は逮捕という意味で露顕という言葉を使っているのではありません。全事業が水泡に帰することを言っているのです。

ヴィシンスキー　私もやはりそのことを言っているのです。あなたはその見解を、用心から、破滅からあなた方の謀略を救うために口に出した？

ブハーリン　これについてはもう少し振り返ってみる必要があるでしょう……。

ヴィシンスキー　気が済むだけ振り返ったらいいでしょう……。それは何年のことだったのです？

ブハーリン　ラデックとの会談は一九三四年の夏に行なわれました。

ヴィシンスキー　ではカラハンとの会談はもっと後でしたね？

ブハーリン　彼がモスクワに戻ってきた一九三五年の後で行なわれました。

ヴィシンスキー　エヌキーゼとの会談はこのカラハンとの会談に先行して行なわれたのですか、それともこの話題についてエヌキーゼと会談したのはその後だったということですね。

ブハーリン　最初の会談はトムスキーとでした。

ヴィシンスキー　とすると、トムスキーとの会談が土台になった？

ブハーリン　この問題に関して三回の会談が行なわれました。

ヴィシンスキー　のちほどその問題に進むことにして、先を続けなさい。

ブハーリン　事件の内的側面について、そして行なわれた会談について詳しく説明すべきなのでしょうか、それともこれには全く興味がありませんか。

ヴィシンスキー　会談がどんなものだったかによります。

ブハーリン　もちろんそれらは天気の話ではありませんでした。

ヴィシンスキー　法廷にあなたの犯罪について陳述しなさい。

ブハーリン　トムスキーはドイツとの戦争および予備協定を利用することはさしつかえないと考えていました。私はこれには以下にあげる議論で反対したのです。私がまず最初に言ったことは、もしドイツが戦争中に反革命的叛乱を助ける名目で、あれやこれやに干渉するということになったら、その時は、常に起こることであるが、ドイツは、かなり強力な軍事的かつ技術的問屋であるから、必ずやテーブルの上に土足で上がり、締結されたいかなる予備協定をもずたずたに引き裂いてしまうだろうということでした。第二に、私は次のような議論を進めました。これは軍事クーデターになるから、その時はまさに事実の論理の力で、陰謀者の内の軍事グループが異常なほどの影響力を持つだろうし、そして、これらの事例にあって常に起こるように、大きな実質的兵力を指揮し、したがって政治的勢力を支配するのはまさに反革命仲間《サークル》の合同上層グループの部分だけになるであろう、だからこのゆえに、特殊なボナパルティストが現れる危険が起こってくるかもしれない、ということです。そしてボナパルティストたちは――私は特にトゥハチェフスキーのことを考えていました――ナポレオン式に彼らの盟友たちといわゆる鼓吹者たちを容赦なく片付ける仕事に乗り出すであろうと。それらの会談の中で、私は常にトゥハチェフスキーを「素質十分の小ナポレオン」と呼びました。また、ご承知のように、ナポレオンはいわゆるイデオローグと交際しましたね。

ヴィシンスキー　では、あなたは自分をイデオローグと考えていた？

ブハーリン　反革命的叛乱のイデオローグであり、また実践的な人間でもありました。あなたは、無論、私が自分をスパイと考えているという言葉を聞きたいのでしょうが、私は決して自分をスパイとは考えなかったし、今も考えていません。

ヴィシンスキー　もしあなたがそう考えれば、より正しいことになるでしょうがね。

ブハーリン　それはあなたの意見です。しかし私の意見は違います。

ヴィシンスキー　今に本法廷の意見がどんなものか分かります。あなたがどのように、その時、あるいは他のどの時でも、トムスキーとこの「イデオロギー的」会話を行なったか、我々に話してください。トムスキーは権力奪取のための二つの異なった場合を提案しましたか。

ブハーリン 次の二言三言の後でその話にかかろうとしていました。

ヴィシンスキー 待ちましょう。

ブハーリン 結構です。私が言いたかったのはこれらの予備的会談の後のことなのです――私にはいまだに分からないのですが、何か他の要因が働いて「右翼派」本部の側および「連絡本部」の側がある決定を採用したのです。つまり、トムスキーはエヌキーゼに圧迫されていたのか、それとも軍部関係の一味になのか、あるいは、エヌキーゼ、「トロツキー派」および「ジノヴィエフ派」の三者に共同で圧迫されたのか、私には分からないのです――ともかく事実としてはカラハンが、トムスキーとの会談を唯一の例外として、指導本部のどのメンバーとも予備会談を行なわずに国を出たということです。

そこで私は、カラハンの帰国後に行なわれた三回の会談について、記憶していることを法廷に述べたいと思います。最初の会談はトムスキーとで、二回目のはエヌキーゼとで、そして三回目はカラハンとでした。

そこでカラハンは会談にいくつかの細目と追加係数を導入しました。私の記憶するところによりますとトムスキーは、カラハンがトロツキーの場合よりももっと有利な条件でドイツとの協定に到達した、と私に話しました。

ヴィシンスキー まず、トムスキーについて話してください。私はあなた方のクーデター計画に関する、あなたの言い方に従えばそれは権力奪取ということだが、トムスキーとあなたとの会談に関心があるのです。いつあなたはドイツ軍に戦線を開け渡すことについての会談をしたのです？

ブハーリン 今その話にかかろうとしていました。

ヴィシンスキー あなたとトムスキーがどのようにして、戦争になった場合に、ドイツ軍に戦線を開け渡そうとしていたか、という問題に触れていただけませんか。
ブハーリン　それについては少し後で話そうと思います。
ヴィシンスキー　あなたは今審理を引きつけている問題について話したくない？
ブハーリン　私はこの戦線のことについて話します。
ヴィシンスキー　質問する。これで三度目だ。いつあなた方はドイツに戦線を開け渡すことについての会談を行なったのですか。
ブハーリン　トムスキーに、クーデターの力学をどのように理解しているのか、と私が尋ねた時、彼は、それは軍部関係組織の仕事である、そしてそれが戦線を開け渡さねばならないのだ、と言いました。
ヴィシンスキー　ではトムスキーが戦線開け渡しを準備していた？
ブハーリン　彼はそうは言いませんでした。
ヴィシンスキー　はい？　いいえ？
ブハーリン　私は、彼がこの干渉のメカニズムをどう想像しているかを尋ねたのです。
ヴィシンスキー　どこの干渉？
ブハーリン　さる外国国家の。
ヴィシンスキー　彼はどう想い描いているか言いましたか。
ブハーリン　確かに言いました。
ヴィシンスキー　彼は、「戦線を開け渡せ」と言った？
ブハーリン　私は正確に言いたいと思います。
ヴィシンスキー　彼は何と言ったのです？

ブハーリン　トムスキーが言ったのは、これは軍部関係組織の問題であり、そしてそれが戦線を開け渡さねばならないのだ、ということでした。
ヴィシンスキー　何故それは戦線を開け渡さねばならないのです？
ブハーリン　彼は何も言いませんでした。
ヴィシンスキー　何故それは戦線を開け渡されねばならないのです？
ブハーリン　私の見解からは、それは戦線を開け渡すべきではない、だったのです。
ヴィシンスキー　あなた方の組織の見解から？
ブハーリン　我々の組織の見解から、です。
ヴィシンスキー　彼らはトムスキーの見解から、戦線を開け渡さねばならないのですか、それとも違いますか？
ブハーリン　トムスキーの見解から？　ともかく、彼はこの見解に反対はしませんでした。
ヴィシンスキー　彼は賛成した？
ブハーリン　彼は反対しなかったわけだから、恐らく四分の三は賛成したということになります。
ヴィシンスキー　にもかかわらず、彼は四分の一を保留した？
ブハーリン　私はただ程度を強調してみたまでです。
ヴィシンスキー　私は質問しているのだ。質問に答えなさい。
ブハーリン　市民検事、どんな言葉も法廷にとっては非常に重要だ、とあなたは言いましたね。
ヴィシンスキー　ブハーリンの証言、調書の第五巻、第九五―九六頁を読み上げることを許可してください。「トムスキーは、二つの異なった場合が討論された、と私に話しました。一つは新政府が平時においいて形成される場合である」、これは、つまり陰謀者たちが平時において新しい政府を組織することを意味しています。次に、「もう一つは、それが戦時において組織される場合である。後者の場合には、ドイツは大きな経済的譲歩を要求するであろう」、これは私がすでに述べた譲歩ですが、「またドイツは領土の割譲を主張するであろう」と書いてあります。これは、その通りですか、違いますか、言いなさい。

ブハーリン ええ、全くその通りです。

ヴィシンスキー （読み続ける）「私はトムスキーに、クーデターのメカニズムがこの関係において、どう想像されるのかを尋ねました。彼が言うには、これは軍部関係組織の仕事である、そしてそれがドイツ人に戦線を開け渡さねばならないのだ、ということでした」。

ブハーリン ええ、その通りです。

ヴィシンスキー トムスキーはこれに賛成しましたか、しませんでしたか。

ブハーリン 彼は「…ねばならぬ」（ДОлЖна）と言ったのです。この言葉の意味は「…せざるをえない」（müssen）であって、「…すべきだ」（sollen）ではありません。

ヴィシンスキー 言語学はやめなさい。ロシア語では「…ねばならぬ」は「…ねばならぬ」という意味だ。

ブハーリン それは、軍部関係のサークルが次のような考えを持っていたという意味です。つまり、その場合にはこれら軍部のサークルが……。

ヴィシンスキー いや、考えの問題じゃない、彼らはしなければならなかったのだ。ということは……。

ブハーリン いいえ、そういう意味ではありません。

ヴィシンスキー では彼らは戦線を開け渡してはならないのだ、ということですか？

ブハーリン 誰の見解からです？ トムスキーが私に話したのは、軍部が言ったことであり、エヌキーゼが言ったことだったのです。

ヴィシンスキー ではあなたは何を証言したのです？

ブハーリン 私は、自分が証言したことはよく知っています。

ヴィシンスキー 「トムスキーは、クーデターは軍部関係組織の仕事である、そしてそれがドイツ人に戦線を開け渡さねばならないのだ、と言った」。質問は明解ですか？

ブハーリン 私はトムスキーに次のように尋ねたと言いました。「この干渉のメカニズムはどのように想像できますか？」彼は答えて、「これは軍部関係組織の仕事です、そしてそれがドイツ人に戦線を開け渡さねばならないのだ」と言ったのです。そのゆえに私は……。

ヴィシンスキー もう結構。彼らが戦線を開け渡さねばならないということは、彼らはドイツに戦線を開け渡すつもりだ、ということです。

ブハーリン ええ。

ヴィシンスキー どのサークルの間で？

ブハーリン 軍部関係のサークルの間でです。

ヴィシンスキー トムスキーはこれに賛成したのですか。

ブハーリン 彼は直接的にはそうは言いませんでした。

ヴィシンスキー 彼は四分の三賛成した？

ブハーリン 私が言っているのは、彼が話したことからは、彼は恐らくこれに賛成しているだろうと結論できる、ということなのです。

ヴィシンスキー　それでは彼がこのことをあなたに話した際、あなたは反対しましたか。
ブハーリン　しました。
ヴィシンスキー　では何故あなたは、「私は反対した」と書かなかったのですか。
ブハーリン　それはその後の方に書いてあります。
ヴィシンスキー　その後に書いてあるのは全く別のことです。
ブハーリン　それが私は反対したということなのです。
ヴィシンスキー　その後に書いてあることは、「そのゆえに私が言ったことは、その場合には……」。どの場合のことです？
ブハーリン　戦線が開け渡された場合です。
ヴィシンスキー　その通り。「その場合には、戦線における敗北の罪を犯した人々を審問に付するのが適当であろう。こうすることは愛国主義的スローガンを弄することによって大衆を味方に引き入れる可能性を我々に与えることになる」。
ブハーリン　失礼ですが、それを説明します、もしお許しいただけば。
ヴィシンスキー　待ちなさい。順に吟味しましょう、順を追って。これがあなたの反対だったのですか。
ブハーリン　ええ。
ヴィシンスキー　それが、「戦線が開け渡されてはいけない」と彼に話したことなのですか。
ブハーリン　ええ。
ヴィシンスキー　しかしどこにそう書いてあります？
ブハーリン　書き記されてはいませんが、自明のことです。

ヴィシンスキー では、愛国主義的スローガンを弄する、とはどういう意味ですか。

ブハーリン 「弄する」という言葉は、ここではいやらしい意味で使ったつもりではないのでして……。

ヴィシンスキー 「…ねばならぬ」がその正しい意味で使われていなくて、また「弄する」もその正しい意味で使われてはいないと言うんですね。

ブハーリン ロシア語では「…ねばならぬ」には二つの意味があります。

ヴィシンスキー しかしここでは一つの意味を持ってほしいものだ。

ブハーリン それはあなたの勝手というものです。それに私はあなたに賛成しない権利があります。ご存知のようにドイツ語で「…すべきだ」(sollen) および「…せざるをえない」(müssen) は意味が二つありますが……。

ヴィシンスキー あなたはドイツ語で話すのに慣れておられる。しかし我々はソヴィエトの言語で話しているのです。

ブハーリン ドイツ語それ自体はいやらしいものではありません。

ヴィシンスキー あなたはまだドイツ語で話し続けようとしておる。ドイツ人と彼らの言語で交渉するのにもう慣れておられるから。しかしここでは我々はロシア語で話しています。トムスキーがあなたに、ドイツに戦線を開け渡す必要があると言った時、もしあなたが反対したのなら、次のように言うべきだったのです。「私は反対しました。私は、このような裏切り、このような反逆には同意しない、と言いました」。あなたはそのように言ったのですか。

ブハーリン いいえ、言いませんでした。しかし、もし私が、そうするのが必要だと言っていたとしたら……。

ヴィシンスキー 愛国主義的スローガンを弄するということは、すなわち、それにやまをはること、つまり誰それは反逆罪を犯したが、自分たちは愛国者であったと偽ることである……。

ブハーリン　そうはっきりしているわけではありません。何故なら、ラデックとの本法廷での対決を含め、私の証言の他の部分で、またラデックとの全ての会談を通じて、私はラデックの意見に反対し、またトムスキーは理解しなかったと、私は陳述しました……。

ヴィシンスキー　被告ブハーリン、あなたがここで詭弁的で、背信的な方便を用いていることは次の陳述がこれを証明している。お許しを願ってさらに先を読みます。「私はこれにより、すなわち敗北の罪を犯した人々に有罪の判決を下すことによって、我々は私に不安を与えていたボナパルティズムの危険からも同時に免れうるであろうと思ったのです」。

ブハーリン　ええ、全くその通りです。

ヴィシンスキー　つまり、あなたが戦線開け渡しに対して「反対した」というのは、そのようなことなのです。

ブハーリン　一つの仕事は決して他の仕事を妨げるものではありません。

ヴィシンスキー　一つの仕事とは戦線開け渡しのことですね……。

ブハーリン　いや、戦線開け渡しのことではありません。

ヴィシンスキー　戦線において敗北の罪を犯した人々を裁判にかけること、そして愛国主義的スローガンを弄すること、かくして負債を帳消しにしてしまう。

ブハーリン　それとは全く違った方向付けでした。

ヴィシンスキー　それがトムスキーとあなたとの会話だったのです。ここには正しく記録されていますか。

ブハーリン　もちろん正しいですが、あなたは全てを読んだわけではありません。

ヴィシンスキー　私は三つの節を読みました。それは正しく記録されていますか。

ブハーリン　その三つの節は全く正しく記録されています。

ヴィシンスキー　このことについてあなたはエヌキーゼと話しましたか。

ブハーリン　確かにエヌキーゼと話しました。

ヴィシンスキー　カラハンとは話しましたか。

ブハーリン　話しました。

ヴィシンスキー　エヌキーゼとカラハンはこのことについて何と言いましたか。

ブハーリン　エヌキーゼは……。

ヴィシンスキー　全般的にはこれを確認した？

ブハーリン　全般的にはそれを確認しました。トムスキーはカラハンおよびエヌキーゼからこのことを知りました。

ヴィシンスキー　というと？

ブハーリン　彼らは、まず第一に、カラハンが経済的譲歩を条件にドイツ人たちと協定を結ぶことを承認しました。第二に、ドイツ人たちは領土の割譲に関する要求を出しましたが、これに対しカラハンは、この事項は論議する必要があると言って、返答を与えませんでした。その要求にはソ連邦共和国の分離に関する項目も含まれていました。第三には、条約についてでした。

ヴィシンスキー　第三には、戦線開け渡しについて？

ブハーリン　第三には、ソ連邦とチェコスロバキアおよびフランスとの相互援助条約に関してでした。

ヴィシンスキー　あなた方はそれらの国々と条約を結びましたか。
ブハーリン　私は、トムスキーがカラハンから聞いたこととして言ったことを伝えているのです。それはカラハンが言ったことなのです。ドイツ人たちはこれらの条約を破棄することを要求しました。
ヴィシンスキー　誰と共同して、誰から要求する？
ブハーリン　新政府からです。
ヴィシンスキー　あなた方は、すでに自分たちが政府であると考えていた？
ブハーリン　我々はそうは考えていませんでしたが、カラハンはあるいは言ったかも……。
ヴィシンスキー　それは是認されたのですか。
ブハーリン　我々は後になっては反対しませんでした。ということは我々はそれを是認したということになります。
ヴィシンスキー　つまり、あなた方は自分たちが一政府として行動していると考えたわけだ？
ブハーリン　その条約の意味は……。
ヴィシンスキー　ではあなた方はチェコスロバキアとの同盟を破棄するつもりだった？
ブハーリン　あなたは私におしまいまで話させませんでしたね。カラハンはこの問題に対し肯定的な返事をしたのです。しかし我々はドイツ人たちを欺いて、この要求を履行してはやるまいと考えていました。
ヴィシンスキー　それでは全くあなた方は一切を欺瞞の上に組み立てたことになる。また彼らの方もあなた方を欺こうとしていたのではなかったのですか。
ブハーリン　こういうことは常にそうなのです。
ヴィシンスキー　あなた方を利用しておいて、次には肥の山に投げとばすというわけですね。

ブハーリン　そうです。
ヴィシンスキー　総体的には、両者とも失敗した。
ブハーリン　幸いにも、その通りです。
ヴィシンスキー　我々にとって幸いにも、その通りなのです。ところで、あなたは戦線開け渡しについてカラハンと話し合ったのですか。
ブハーリン　ドイツ人たちがドイツとの軍事同盟を要求していると彼は言いました。
ヴィシンスキー　しかし同盟国になるには全ての門は閉じられていますね。
ブハーリン　カラハンはこの問題に対して解答を与えてくれました。
ヴィシンスキー　同盟国になるには全ての門が閉じられていると？
ブハーリン　いいえ。
ヴィシンスキー　では門を開こうということですか。
ブハーリン　失礼ですが、まだ同盟などは何も存在しなかったのですよ。
ヴィシンスキー　しかし期待されるものなり、計画はあったのだね？
ブハーリン　それはそうかもしれませんが、今現在ソ連邦がフランスと同盟関係にあるからといって、それがソ連邦の国境を開け渡すことにはならないでしょう。
ヴィシンスキー　ではどんなことになっていたのです？
ブハーリン　我々は実際には何もしていなかったのです。口頭上の計画があっただけです。
ヴィシンスキー　あなたは、ドイツ人による攻撃がある場合に戦線開け渡し提案の首唱者であったことを認めたくはないのです。

ブハーリン　そうです。しかしルイコフはこれを確認しています。何故なら今や全く明白なことですが……。

ヴィシンスキー　ところが、ルイコフはこの考えの首唱者はブハーリンであったことを確認しているのです。被告ルイコフ、それに間違いありませんか。

ルイコフ　私が最初に戦線開け渡しについて聴いたのはブハーリンからでした。

ブハーリン　その通りです。しかしだからといって、私が首唱者であったことにはなりません。それはトムスキーとの会談の後のことでした。

ヴィシンスキー　（ルイコフに）ブハーリンはそれに反対しましたか。

ルイコフ　私の面前では反対しませんでした。

ヴィシンスキー　着席してください。（ブハーリンに）あなたの説明を続けなさい。戦線開け渡しの問題は明らかになったと私は考えます。私にはこれ以上質問はありません。

ブハーリン　申し述べ忘れていましたが、トロツキーがドイツ人たちと交渉を行なっていた時、すでに「右翼派」は「右翼派＝トロツキー派連合」の一構成部分でした。そして結果的には「右翼派」はこれらの交渉の仲間だったのです。実際にはトロツキーは、前もっての打ち合わせを顧慮せずに、彼自ら率先して交渉を行なったのですけれども。

おおむねこれが私の言うべきことの全てかと思います。

裁判長　同志検事、被告ブハーリンは彼の証言を終えました。

ヴィシンスキー　私にはもはや訊くべきことはありません。

裁判長　同志検事、そろそろ証人を喚問する問題を決定しなければなりません。さもなければこのまま進めて、一九一八年の諸事件についてブハーリンの訊問を続けますか。

ヴィシンスキー　すでにそれは済ませました。

裁判長　ではいつ証人を喚問するかを決める必要があります。今にしますか、それとも休廷後に？

ヴィシンスキー　証人が出席しているのでしたら、今喚問するよう要請いたします。

裁判長　最初に喚問される予定の証人はヤーコヴレヴァですね？

ヴィシンスキー　そうです。

裁判長　証人を呼び入れなさい。

ヴィシンスキー　証人が呼び入れられている間、予審におけるブハーリンの証言に関連して、彼に質問を行なわせてください。――第五巻、第九四頁です。読んでもよろしいでしょうか。

裁判長　よろしい。

ヴィシンスキー　「我々は、ソヴィエト愛国心の巨大な生長、かつその生長が広般な大衆の現実的な勢力と能力並びに繁栄に結びついたものであること、またソヴィエト国土を一インチたりとも譲り渡しはしないというスターリンのスローガンの絶大なる大衆的支持、そしてそれが我々の目にはこの生長し続ける愛国心の完璧明瞭な指標であること、それらを明白に認識しました」。あなたはこれを確認しますか。

ブハーリン　確認します。

ヴィシンスキー　「このスローガンに反対してことを起こすことは、いかに我々の政治的計算が巧妙なものであったとしても、一度限りで大衆から我々を孤立させ、事前に我々の立場を無意味なものにし、我々の計画を全く希望のないものにしてしまうことを意味するのはほとんど確実でした」。あなたはこれを確認しますか。

ブハーリン　私はその全てを確認します。

ヴィシンスキー　質問は以上で終わりです。
裁判長　着席してください。

証人の訊問

証人ヤーコヴレヴァの訊問（要旨）

ヤーコヴレヴァの訊問を通じて、要約以下のことが明らかとなった。

十月革命直後、ブレスト講和締結時に「左翼共産主義者」、「左翼」社会革命党員よりなる反ソ陰謀団が存在し、その推進者はピャタコフとともにブハーリンその人であり、陰謀の内容は、党政府要人レーニン、スターリン、スヴェルドロフの逮捕（殺害）を通じ政府の転覆を図り、両者より成る新政府樹立を企図した。

証人オシンスキーの訊問（要旨）

オシンスキーの訊問によって、要約以下のことが明らかとなった。

ブハーリンは、「左翼」社会革命党員、「左翼共産主義者」、ジノヴィエフ派、トロツキー派よりなる合同ブロックの形成を提唱し、かつ成立せるそのブロックの決定によって一九一八年七月、「左翼」社会革命党の叛乱を実現し、政府転覆を企図した。

証人マンツェフの訊問（要旨）

証人マンツェフの訊問において、要約以下のことが明らかとなった。

州ビューローのある会議で、ブハーリンは「党大会およびソヴィエト大会でブレスト講和が決定された今にあっては、ソヴィエト政府に反対して蜂起し、打倒するしか途はない。このために必要なことはレーニン、スターリン、スヴェルドロフの殺害にある」と確言した。しかるに、一九一八年モスクワ州代表者会議で、「左翼共産主義者」が敗北するや、ブハーリンは彼の発言の載っているプロトコールの破棄をマンツェフ、ヤーコヴレヴァに命じた（ブハーリンはこれを否認、また三人の殺害に関しても、否認し、目的が新政府の編制にある以上逮捕以上でも以下でもないと反論した）。

また、一九一九年トロツキーの提唱により、「左翼共産主義者」とトロツキー派はスターリン暗殺を計画した。

証人カムコフの訊問（要旨）

証人カムコフの訊問において、要約以下のことが明らかとなった。

ブハーリンによるとカムコフが行なったことになっているレーニン逮捕の提議は、ブハーリンが行なったものである。一九一八年の「左翼」社会革命党の叛乱は、「左翼共産主義者」との提携の発展したものである。「左翼」社会革命党としては「左翼共産主義者」の援助を期待して蜂起した。

証人カレーリンの訊問（要旨）

カレーリンの訊問において、要約以下のことが明らかとなった。

カレーリンはブハーリンと一九一七年十一月に接触し、同十二月「左翼」社会革命党と「左翼共産主義者」とのブロックが成立した。翌年一月の接触において、現政府打倒と両者による連合内閣が路線的に確定され、そのためにレーニン、スターリン、スヴェルドロフの肉体的抹殺をブハーリンは主張した。また右翼および「左翼」社会革命党員によって企てられたレーニン暗殺計画はブハーリンと協力して行なわれたものである。

＊　＊　＊

（三月八日午前の公判）被告レーヴィンの訊問（三月八日午後の公判）被告ブラノフの訊問、被告ヤゴーダの訊問、被告クリュチコフの訊問（三月九日午前の公判）被告プレトニョフの訊問、被告カザコフの訊問、被告マクシモフ＝ヂコフスキーの訊問、証人ベロストツキーの訊問（以上省略）

検事のなした質問に対する医学的鑑定会議の回答（要旨）

医学的鑑定会議（科学功労者＝デ・ア・ブルミン教授、エヌ・ア・シェレシェフスキー教授、ヴェ・エヌ・ヴィノグラードフ教授、デ・エム・ロシースキー教授および医学博士ヴェ・デ・ジパーノフ）は、ゴーリキー、クイブゥイシェフ、メンジンスキー、ペシコフ、エジョフ（未遂）の暗殺に関して、被告レーヴィン、プレトニョフ、カザコフ、ヤゴーダ、ブラノフは、それぞれ、自己の犯罪目的実現のために故意に有害なる治療法を取ることによって被害者の死期を促進させたことを断言した。

国事犯公訴人、ソヴィエト連邦検事ア・エル・ヴィシンスキーの論告　三月十一日午前の公判

本事件の歴史的意義は、何よりもまず、右翼派、トロツキー派、メンシェヴィキ、エス・エル党員、ブルジョア民族主義者等々およびこれに類する者が、殺人者、スパイ、攪乱者、妨害者の主義も思想もなきギャングに他ならぬことが、本訴訟事件において極めて用意周倒綿密に示され、証明され、確証されたことである。被告などは「政党でも政治的潮流でもなく、刑事犯人のギャング」であり（就中《なかんずく》ブハーリンは、悪事を働きながら思想家らしく装い、ヘーゲル哲学、言語学、文献学、美学の密林にもぐって罪跡をくらまそうとした）、一九二一年以来ドイツのスパイであることが証明されたトロツキーを首魁とする「凶暴な反革命家、社会主義祖国の裏切者、スパイ、テロリスト、資本主義の復興者」たることが明らかになった。すなわち、ヤゴーダは自ら認めたようにドイツ、日本、ポーランドのスパイを庇護し、これを通じて祖国を売り渡し、クレスチンスキーは自白によればドイツのスパイであり、ローゼンゴリッツは自ら認めたようにドイツ、英国のスパイであり、チェルノーフは自白によればドイツのスパイであり、ラコフスキーは自白によれば英国、日本のスパイであり、シャランゴヴィチはその言葉によればポーランドの、グリンコはドイツおよびポーランドのスパイであり、イクラモフ、ホジャーエフは英国のスパイとの連絡に当たり、ゼレンスキー、ズバレフ、イヴァノフはツァーリ秘密警察の教唆者、手先であった。以上の一味に毒殺犯人レーヴィン、プレ

トニョフ、カザコフ、クリュチコフ、マクシモフ＝ヂコフスキーを加えた「人間の屑の悪臭紛々たる塊」の頭領がブハーリン、ルイコフに他ならない。この「右翼派＝トロツキー派連合」が一貫して反レーニン主義的立場をとっていたのは周知のことであり（一九〇九年にブハーリンは召還主義に味方した……。一九〇九―一一年にルイコフは半トロツキー派、半解党派であった……といった類いの編年的罪状が延々と読みあげられる）、彼らは「狐と豚との忌々しい雑種」にすぎない。ブハーリンその他の陰謀家どもが一九一八年にブレスト講和を破り、ソヴィエト政府を暴力的に覆し、レーニン、スターリン、スヴェルドロフを逮捕し、左翼共産主義者＝ブハーリン派、トロツキー派および左翼エス・エル党員からなる新政府樹立をめざしていたことは、ヤーコヴレヴァやカレーリンなど証人の公正妥当さを何ら疑いえぬ陳述で明らかであり、ブハーリンもこれを認めざるをえなかった。しかも、暴力的転覆、逮捕は政府首脳の殺害へと必然的に進むがゆえに、逮捕を認めたことは殺害をも認めたこととなる。したがって一九一八年八月三〇日のエス・エルの女性テロリスト、カプランによるウラジーミル・イリイッチ・レーニンの暗殺未遂もブハーリンの方針の総仕上げであったことは明白であり、証人の陳述もこの点を暴き出した。次に被告各員が認め、自白し、陳述したことから、彼らが日本、ドイツ、ポーランド（さらに後には英国も加えて）の参謀本部の直接指導下に、妨害、攪乱、スパイ、テロルを行ない、ソヴィエト連邦の経済、国防力、農業、運輸などの破壊を通じてわが国の解体を図り、これらの国家のためにウクライナ、白ロシア、中央アジア共和国、グルジア、アルメニア、アゼルバイジャン、沿海州を割譲せんとしたことが確認された。さらに、ヤゴーダが認めたことにより、キーロフ、ゴーリキー、メンジンスキー、クイブィシェフの暗殺が「右翼派＝トロツキー派連合」の指令によることが確認された。とすれば、この暗殺計画をその指導者たるブハーリンやルイコフが知らなかったなどということがありえようか。彼らは知っていたのだ。知っていたということは、暗殺に加担していたという唯一つの結果しか生じない。レーヴィン、プレトニョフなどの医師は、この暗殺を病死にみせかけるための「毒殺者」の役割を果たした。

本事件における主要な告訴は、反逆陰謀組織に関する第五八条第一項および第一一項により、これを被告などに提起する。この告訴はすべての被告の承認によって証明され、その他の犯罪では全部または一部の罪を認めなかった人々の承認によっても証明されている。これはすべての被告についてそういえる。しかしながら本事件における各被告の具体的な役目に応じて刑罰を個別化すべきであり、ラコフスキーとベッソノフの両名については二五年間の禁錮に限定されたい。その余の被告については、わが国民全体は、老いも若きも唯一つのことを期待し要求している――わが祖国を敵に売った裏切者、スパイを野良犬の如く銃殺せよ！　時は流れる。憎むべき裏切者の墓にはやがて雑草と蔓とが生い茂り、真面目なソヴィエト人民、すべてのソヴィエト国民から永遠の軽蔑を受けるであろう。

判決（要約）

ソヴィエト社会主義共和国連邦の名による。
ソヴィエト連邦最高裁判所軍法会議構成員
裁判長――ソヴィエト連邦最高裁判所軍法会議議長ヴェ・ヴェ・ウルリヒ
裁判官――ソヴィエト連邦最高裁判所軍法会議議長代理イ・オ・マツレヴィチ
　ソヴィエト連邦最高裁判所軍法会議議員ベ・イ・エウレフ
書記――一等軍法書記ア・ア・バトネル
大逆罪告訴人――ソヴィエト連邦検事ア・エル・ヴィシンスキー、モスクワ弁護士協会
　会員イ・デ・ブラウド、エヌ・ヴェ・コンモドフ

一九三八年三月二日―十三日、モスクワ市、公開裁判において次の被告に対する告訴事件を審査する。
　一、ブハーリン、ニコライ・イヴァノヴィチ、一八八八年生。
　二、ルイコフ、アレクセイ・イヴァノヴィチ、一八八一年生。
　三、ヤゴーダ、ゲンリフ・グリゴリエヴィチ、一八九一年生。
　四、クレスチンスキー、ニコライ・ニコラエヴィチ、一八八三年生。
　五、ラコフスキー、クリスチャン・ゲオルギエヴィチ、一八七三年生。

六、ローゼンゴリツ、アルカヂー・パヴロヴィチ、一八八九年生。
七、イヴァノフ、ウラジーミル・イヴァノヴィチ、一八九三年生。
八、チェルノーフ、ミハイル・アレクサンドロヴィチ、一八九一年生。
九、グリンコ、グリゴリエ・フェドロヴィチ、一八九〇年生。
十、ゼレンスキー、イサーク・アブラモヴィチ、一八九〇年生。
十一、ベッソノフ、セルゲイ・アレクセーヴィチ、一八九二年生。
十二、イクラモフ、アクマノル、一八九八年生。
十三、ホジャーエフ、ファイズゥラ、一八九六年生。
十四、シャランゴヴィチ、ヴァシリー・フォミッチ、一八九七年生。
十五、ズバレフ、プロコピエ・チモフェーヴィチ、一八八六年生。
十六、ブラノフ、パウル・ペトロヴィチ、一八九五年生。
十七、レーヴィン、レフ・グリゴリエヴィチ、一八七〇年生。
十八、プレトニョフ、ドミトリー・ドミトリエヴィチ、一八七二年生。
十九、カザコフ、イグナチー・ニコラエヴィチ、一八九一年生。
二十、マクシモフ＝ヂコフスキー、ヴェニアミン・アダモヴィチ（アブラモヴィチ）、一九〇〇年生。
二十一、クリュチコフ、ピョートル・ペトロヴィチ、一八八九年生。

以上の被告は、「右翼派＝トロツキー派連合」なる名称の陰謀団体の積極的加担者にして、外国間諜の直接指令に従って行動し、裏切、スパイ、攪乱、妨害、テロル活動を行ない、これら外国のソヴィエト連邦に対する武力襲撃を教唆したが、その目的はソヴィエト連邦を敵視する外国のために、ソヴィエト連邦を敗北解体させ、ウクライナ、白ロシア、中央アジア共和国、グルジア、アルメニア、アゼルバイジャン、極東沿海州をソヴィエト連邦から割譲することであり、その究極の目的は、ソヴィエト連邦に存在する社会主義的社会制度および国家制度を転覆させ、ソヴィエト連邦に資本主義およびブルジョアジーの権力を復興させることである。すなわち、彼らの罪は、ロシア社会主義連邦ソヴィエト共和国の刑法典第五八条第一項、同第二項、第七項、第八項、第九項、第十一項に規定された重大反逆罪に該当し、イヴァノフ、ゼレンスキー、ズバレフは、この他に刑法典第五八条第十三項に規定された犯罪に該当する。

以上に基づき、かつロシア社会主義連邦ソヴィエト共和国刑法典第三一九条および三二〇条に照らし、ソヴィエト連邦最高裁判所軍法会議は次の判決を下す。

一、ブハーリン、ニコライ・イヴァノヴィチ
二、ルイコフ、アレクセイ・イヴァノヴィチ
三、ヤゴーダ、ゲンリフ・グリゴリエヴィチ
四、クレスチンスキー、ニコライ・ニコラエヴィチ
五、ローゼンゴリツ、アルカヂー・パヴロヴィチ
六、イヴァノフ、ウラジーミル・イヴァノヴィチ
七、チェルノーフ、ミハイル・アレクサンドロヴィチ
八、グリンコ、グリゴリエ・フェドロヴィチ
九、ゼレンスキー、イサーク・アブラモヴィチ
十、イクラモフ、アクマル
十一、ホジャーエフ、ファイズゥラ

十二、シャランゴヴィチ、ヴァシリー・フォミッチ
十三、ズバレフ、プロコピエ・チモフェーヴィチ
十四、ブラノフ、パウル・ペトロヴィチ
十五、レーヴィン、レフ・グリゴリエヴィチ
十六、カザコフ、イグナチー・ニコラエヴィチ
十七、マクシモフ＝ヂコフスキー、ヴェニアミン・アダモヴィチ（アブラモヴィチ）
十八、クリュチコフ、ピョートル・ペトロヴィチ

以上の被告は最高の刑罰、銃殺に処し、彼ら個人に属する一切の財産を没収する。

十九、プレトニョフ、ドミトリー・ドミトリエヴィチ、右被告は同志クイブヴィシェフ、およびゴーリキーの暗殺には直接積極的には参加しなかったが、これを促進する犯罪に加わった。二十五年の禁錮に処し、禁錮終了後五年間公民権を喪失し、彼個人に属する一切の財産を没収する。

二十、ラコフスキー、クリスチャン、ゲオルギエヴィチ
二十一、ベッソノフ、セルゲイ・アレクセーヴィチ

右被告は、テロル、攪乱、妨害行為の組織には直接に参加しなかった。禁錮期間は、ラコフスキーは二十年、ベッソノフは十五年に処し、禁錮終了後それぞれ五年間公民権を喪失し、彼らに属する一切の財産を没収する。

プレトニョフ、ラコフスキー、ベッソノフに対する禁錮期間は逮捕の日より通算す。

裁判長　ソヴィエト連邦最高裁判所軍法会議議長　ヴェ・ウルリヒ
裁判官　ソヴィエト連邦最高裁判所軍法会議議長代理　イ・マツレヴィチ

ソヴィエト連邦最高裁判所軍法会議議員 ベ・エウレフ

被告の最終弁論

（三月十一日午後の公判）弁護士イ・デ・ブラウデの演説、被告ベッソノフの最終弁論、被告グリンコの最終弁論、被告チェルノーフの最終弁論　（三月十二日午前の公判）被告イヴァノフの最終弁論、被告クレスチンスキーの最終弁論、被告ズバレフの最終弁論、被告ルイコフの最終弁論、被告シャランゴヴィチの最終弁論、被告ホジャーエフの最終弁論、被告ゼレンスキーの最終弁論、被告イクラモフの最終弁論、被告ローゼンゴリツの最終弁論（以上省略）

被告ブハーリンの最終弁論　三月十二日　夕方の公判

法廷指揮官　間もなく開廷です。起立願います。

裁判長　ご着席ください。審理を再開します。被告ブハーリン、あなたの最終弁論を始めてよろしい。

ブハーリン　市民裁判長並びに市民裁判官、私は、我々の卑劣な犯罪、つまり「右翼派＝トロツキー派連合《ブロック》」の犯した犯罪を暴露した本公判の意義に関して、市民検事の意見に全く同感です。私は「連合《ブロック》」の指導者の一人であったのであって、その活動全体に対し責任を負うものであります。

この公判は、一連の裁判の結びとなるものであり、我々の犯罪および売国的活動の全てを暴露し、党およびソヴィエト政府に反対する我々の闘争が持つ歴史的意義と根源とを暴露しました。

私は一年以上投獄されていました関係上、世界の動向には明るくありません。しかしながら、時として偶然私の耳目に達した現実生活の断片から判断することにより、私は見、感じ、そして理解しました。それは我々がかくも犯罪的に裏切った党派が巨大な発展の新段階において、国際プロレタリア階級闘争の局面における偉大で強力な要素として登場しつつある、ということでした。

我々被告は柵のこちら側に座っています。この柵は我々をあなた方裁判官諸氏から隔離しています。我々は反革命の呪われた隊列に加わり社会主義祖国への裏切者となりました。

本公判の冒頭で、私が有罪を申し立てるかどうか、という市民裁判長の訊問に対して、私は承認すると答弁しました。

また、私が自分の行なった証言を確認するかどうかという市民裁判長の訊問に答えて、私は、それを全くそのまま確認すると答弁しました。

予審の終わりに、私が訊問のため国事犯公訴人に召喚された際、彼は調査資料の総体を対照して、それらを次のように要約しました（第五巻、第一一四頁。一九三七年十二月一日）。

訊問「あなたは『右翼派』反革命組織の本部のメンバーでしたか」。私の答弁「はい、その通りです」。

第二の訊問「あなたがメンバーの一人である反ソヴィエト組織の本部は、反革命活動に従事し、党指導部およびその政府を暴力的に転覆することを目的とした。あなたはこれを認めますか」。私の答弁「はい、認めます」。

第三の訊問「この本部は、政治局のメンバーに対し、また党指導部およびソヴィエト権力に対して、テロリスト活動に従事し、クラーク叛乱を組織し、かつ白衛軍クラーク叛乱を準備した。あなたはこれらを認めますか」。私の答弁「その通りです」。

第四の訊問「クーデターを目的とした陰謀のための準備に表現されたごとき反逆的活動に関して、あなたは有罪であることを認めますか」。私の答弁「はい、それもまたその通りです」。

本法廷において、私が犯した犯罪に関し、また公判の終わりに際し、検事側が所有している調査資料に基づいて市民国事犯公訴人が告訴した犯罪に関し、私は自らの有罪を認めましたし、今もなおそれを認めます。私はまた本法廷において宣言しましたし、なおかつ今も強調し、繰り返しますが、私は「右翼派＝トロツキー派連合」によって犯された犯罪の総計に対し私が政治的に責任を負うべきであると考えます。

私は極刑に値いします。ですから、私が死への入口に立っているのだ、と何度か繰り返し注意された市民検事の言に同感です。

にもかかわらず、私は以下の場合に提出された告訴の、あるものについては、これを反駁する権利を持っているものと考えます。(a)印刷された公訴状の中で提出されたもの、(b)公判の過程で提出されたもの、それに(c)市民ソ連邦検事による論告の中で提出されたもの。

市民国事犯公訴人による私の訊問の期間に、彼は非常に断言的な形で、被告の一人として私は自分が認めた以上のことは認めてはならないし、起こりもしなかったのに事実を捏造するようなことはこれをしてはならないと宣言したこと、そしてまた彼が、この彼の言明は記録に書き留めるべきであると要求したこと、これらのことをここで述べておく必要があると考えます。

もう一度繰り返しますと、考えうる最も極悪な犯罪である社会主義祖国への反逆、クラーク叛乱の組織化、テロル行動の準備、それに地下反ソヴィエト組織への所属、これらについて私は有罪を認めます。さらに私は「宮廷騒動」陰謀を組織したことについても有罪を認めます。そしてこのことは付随的に、市民国事犯公訴人が行なった論告の中で私が恣意的に純粋な理論家とか哲学者とかの態度を取ったように発言された、彼の章句の全てが不正確であったことを証明していると言えましょう。これらはその深みにおいて実践的な事柄なのです。以前述べたとおり、今また繰り返しますが、私は反革命事件において歯車の一つではありませんでした。これから導かれる結論は、何人にも明白なごとく、私が知ろうとしても知ることのできなかったであろう特定の事柄が数多くありましたし、また実際私はそれら多くを知らなかったのですが、だからといってそれは私から責任を免除しはしないこと、これであります。

私は敗北主義的傾向に対し政治的にも法律的にも責任があることを認めます。何故ならこの立場こそ、「右翼派＝トロツキー派連合」の内部で支配力をふるっていたからです。但し、私は次の事実を主張しておきたい。

（a）個人的には、私はこの立場を採らなかったこと。

（b）戦線開け渡しに関する語句は私によって発言されたものではなく、トムスキーと私との会談の反響であったこと。

（c）もしルイコフがこの語句を私から初めて聞いたとしても、繰り返しますが、それはトムスキーと私との会談の反響だったのだということ。

しかし私は、社会主義祖国および全国際プロレタリアートに反した重大かつ怪物的犯罪に対し、自らに責任があると考えます。さらに私は、破壊活動に関し、自分が破壊活動の指示を与えたことを個人的には記憶していないけれども、政治的にも法律的にも自らに責任があると考えます。実際私は破壊活動についての話し合いはしなかったのです。私はかつて積極的にこの問題をグリンコに語ったことがあります。私は、証言の際にも陳述しましたように、かつてラデックにこの闘争方法はあまり適当なものとは考えられないと話したこともありました。それでもなお、市民国事犯公訴人は私を破壊活動の指導者であると立証しようとしておられる。

市民検事は論告の中で、山賊一味の者が別々の場所で強盗を働いたのかもしれない、が、にもかかわらず彼らはお互いに責任を負うべきものであると説明されました。それはその通りです。しかし一味であるためには、山賊一味の者同士は互いに知り合っていなければならないし、また多少なりとも互いに緊密な連絡を保っている必要があります。しかしながら、私はシャランゴヴィチの名を公訴状から初めて知ったのですし、彼に初めて会ったのは本法廷においてなのです。私が最初にマクシモフの存在を知ったのもここでしたたし、プレトニョフとは何の面識もありませんでしたし、カザコフとも面識はなかったのです。私は反革命的な問題についてラコフスキーと話し合ったことはありませんし、ローゼンゴリッツと話し合ったこともありませんし、ゼレンスキーと話し合ったこともなかったたし、ブラノフとはいまだに話し合ったことさえないのです。またこの他にもいくらも例をあげることはできます。しかし偶然にも、検事はこれらの人々についてては訊問一つだに私に対して行ないませんでした。

「右翼派＝トロツキー派連合」はなによりもまず「右翼派」と「トロツキー派」との連合です。ならばどうして、一般的に、レーヴィンのような、例えば、今日までメンシェヴィキがどんなものであるのか知らなかったと法廷で陳述するような人物を、その中に含むことができたでしょうか？　またどうしてプレトニョフ、カザコフその他を含むことができたでありましょうか？

したがって、ここに同席している被告は一つのグループというわけではないのです。彼らはさまざまな線に沿って進み、一つの陰謀に包摂されてしまうといった形での共謀者ではありますが、言葉の厳密で法的な意味においては一つのグループではないのです。被告の全てはあれやこれやの仕方で「右翼派＝トロツキー派連合」と関連していました。その内いく人かは諜報機関とも関係していましたが、それだけのことです。このことは、しかしながら、このグループが「右翼派＝トロツキー派連合」であると断言する根拠を提供するものではありません。

第二に、「右翼派＝トロツキー派連合」は、実際に存在し、内務人民委員部の諸機関によって壊滅させられましたが、歴史的に現出したものです。それは現実に存在し、ついに内務人民委員部の諸機関によって殲滅されたのです。それは歴史的に起こったことです。私は、最初にカーメネフと話し合ったのは遥か以前の一九二八年、当時私が指揮していた、コミンテルン第六回大会の期間中であったことを証言しています。

なのにどうして「連合」がファシストの諜報機関の指図で組織されたのだと断言できるのでしょうか？何故、これは一九二八年にあったことなのでしょう！　ところで、その時、私はポーランドの「保安隊（дефензива）」のスパイの手で危うく命を落とすところだったのです。それは党指導部の近くに位置していた人なら誰にでも非常によく知られている事実です。

第三に、私が諸外国の諜報機関と関係していて、彼らが私の主人たちであって、私は彼らの願望に従って行動した、といったことを述べられましたが、私はこれを絶対的に否定します。

市民検事は、私がルイコフと同等にスパイ行為の主要な組織者の一人であった、と主張されております。その証拠は一体何ですか？　シャランゴヴィチの証言ですか。このような人物がいることは、公訴状が読み上げられる時まで、私は聞いたことさえなかったのです。

シャランゴヴィチの証言記録が私に提示されましたが、私が実際に破壊工作の計画を作成したというのは、その記録から引き出されたものと思われます。

シャランゴヴィチ　嘘は止めたらどうだ、せめて一生に一度くらい。君は今になっても法廷で嘘をつくのか。

裁判長　被告シャランゴヴィチ、邪魔をするのではない。

シャランゴヴィチ　我慢できなかったのです。

ブハーリン　イヴァノフを例にとってみましょう。一般的に、彼の証言について私が言うべきことは次のようなものです。過去においてオフラーナ（охрана）〔帝政ロシア時代の秘密警察〕と関係のあったある人々は、露顕の恐怖から、自分たちはソヴィエト政権に反対する闘争を行なおうと決意し、それゆえにテロリズムに向かって進んでいた地下組織である「右翼派」に加入したのだ、と彼は証言しました。しかし、一体ここに論理がありますか？　素敵な論理です、全く。ありうべき露顕の恐怖から彼らはテロリスト組織に加入し、そこでそれこそ、その翌日には逮捕されてしまうような危険を冒したのです。これは想像するのも困難なことです。少なくとも私には想像できません。しかしながら、市民検事は彼らを信じました。その全てが極めて納得しがたいこととして聞こえるというのに、です。

ホジャーエフは、私が彼にイギリス在留外交官と連絡を取るよう勧告したと主張し、その一方イクラモフは、私が彼にトルキスタンはイギリスにとっては何ら重要な選択の的ではないと語った、と言っております。実際は、彼らの言は全く真実から遠いのです。私がホジャーエフに話したのは、帝国主義列強間の対立を利用すべきであり、私は暗々裡にトルキスタン独立という考え方を支持する、ということだったのです。どの国の在留外交官に関しても一言だに言及したことはありませんでした。市民国事犯公訴人は尋ねられました。「しかしホジャーエフには会いました？」「会いました」「それはタシュケントででした？」「タシュケントでした」「彼と政治の話をしましたか？」政治についてといいますと、あなたはイギリス在留外交官のことを言っておられたのですね。かかる結論〔イギリス在留外交官との接触〕が引き出されたことは数回ありました。そして私がそれらに対して抗議しますと、市民検事は私が真実を語らずに、何とかしてごまかそうとし、真実を隠そうとする等々と言って非難されました。そのうえこうした場合、検事は私の被告仲間の多くに支持されました。しかしながら私には、この場合において真の論理はもっぱら私の側にあるように思われます。市民国事犯公訴人は、これらの資料を基礎に全てのスパイ活動の連絡はルイコフおよびブハーリンの経路を通じて進行したと断言されました。しかるに市民検事はここではどんな言葉も重要なものであるとも言われました。市民検事の演説には日本の二つの新聞（三二）が引き合いに出されております。しかし何故これらの報道が正確に私と「右翼派」に符合すると帰結されるのでしょうか？

しかしながら、私はソ連邦の解体という卑劣な計略に関し、トロツキーが領土的譲歩について交渉を行なっていたという理由によって、かつまた私が「トロツキー派」と一緒の連合に加わっていたという理由によって、有罪であることを認めます。これは事実です。ですから私は認めます。

私は無条件的に、キーロフ、メンジンスキー、クイブゥイシェフ、ゴーリキーおよびマクシム・ペシコフの暗殺における私の連累関係については、これを否認します。ヤゴーダの証言によれば、キーロフは「右翼派＝トロツキー派連合」の決定に従って暗殺された、ということになっています。私はそれについては何も知りませんでした。しかし市民検事が論理と呼ぶものが、結局ここで事実の内容を導く助けとなっているのです。彼は、ブハーリンとルイコフがこれらの暗殺に加わらないなどありえたであろうか、と設問しました。それから彼は、彼らはそれらについて知っていたのであるから、脇に避けていたはずがないと解答したのです。しかし脇に避けていないことと、知っていることは一つのことで全く同じことです。これは初等論理学でトートロジーと呼ばれるもので、つまり、これから証明すべきことをすでに証明されたものとして受け入れることです。しかし真実の説明はどんなものでしょうか？　次のように言えるのではないでしょうか。「さて、それでは、悪党め、これらの事実をどう説明するのかね？　お前は、ある決定がエヌキーゼおよびヤゴーダが承知のうえで、ある部分なり他の部分によって採用されたということを否定できるのか、それともそれまでも否定しようというのか?」私には否定できません、市民裁判官諸氏。しかしたとえ私がそれを否定できず、同時に肯定もできないとしても、私はある推測をすることはできます。結局、あなたは仕事の秘密保持ということを心に留めておかねばなりません。「本部」は会合を開くことはしなかったのです。問題は必要が起き次第討議され、お互いの伝達と連絡には極めて秘密な方法が取られました。このようなことはよくあることです。

マクシム・ペシコフにつきましては、ヤゴーダ自身がこの暗殺は個人的に彼に関係したものであると語っています。私は彼の個人的な領域に侵入する権利を持ちません。しかしこのヤゴーダの陳述は、問題を裁判長の私室で聴いてもらうように彼が要請するほど根本的であったという事実によって、つまり、かなり重たい考慮が払われたことによって固められたのです。しかしクリュチコフは、それがマクシム・ゴーリキーの快活な生命力の緊張《トーヌス》を低減させるために実行されたと述べています。そしてもし私が間違っていなければ、弁護人団の一人もこの見方を採りました。しかしこれは見破られることです。この議論は、ヤゴーダの個人的な陳述という重みのある事実によって逆襲されています。すなわち、彼の陳述は、この点が裁判長の私室で行なわれた審理に依拠しているという事実によって強化されています。

メンジンスキーに関しましては、ブラノフが、ここでも個人的な動機について証言しました。メンジンスキーはすでに病気でしたから、彼は「右翼派＝トロツキー派連合」をどんな具合にせよ傷つけることはできなかったはずでした。

では何故このことは同様のこととして見なすことができるのでしょうか?

私はブラノフの証言を熟考しようと思っています。

最も痛々しく、最も恐ろしいことといえばアレクセイ・マクシモヴィチ〔ゴーリキー〕の死です。どんな証言を私はしたのでしょうか、どのように証言をしたのでしょうか、そしてどんな状況の下で？　私は（明らかに調査によってこの問題についての資料はすでに揃っていたでしょうが）、ゴーリキーに対する「連合」の「右翼派」および「トロツキー派」両側の敵対的態度に照明を当てることができる何事かを思い出さないかどうかを尋ねられました。私はトムスキーとの会談を思い出しました。それについては本法廷で私が述べましたし、検事もそれについて訊問されました。この会談の要旨は、トムスキーがもの珍しそうに、「トロツキー派」がスターリニスト、ゴーリキーに対する敵対行為を遂げる準備をしているという所見を述べたことでした。彼がよもやテロ行為のことを言っているものとは、その時私には全く思いつきませんでした。そのことに私は耳を貸さなかったわけです。訊問の間に私はこのトムスキーとの会談を思い出しました。市民検事の執拗な要求に対し私は慎重に、テロ行為という考えはその時私の頭には想い浮ばなかったと答えました。この法廷において、市民検事の質問の一つに答えて、私は言いました。「しかし彼が言っていたのはこのことだと、今になって私は理解しました」市民検事はこれから次の結論を導き出して、言いました。「これとは一体何です、もしヴェールをかけた承認でなかったとしたら？」ヴェールをかけた何の承認ですか？　何か承認されたというのですか？　承認されたこととは、私が以前には知らなかった数々の新しい事実を本法廷で学んだという事実であり、またそれゆえに私がトムスキーと持った会談も振り返って照合すれば全く違った遠近法によって考察されうるかもしれないという事実なのです。この場合における市民国事犯公訴人の立論は適正とは見なしえないものと考えます。

一九一八年の場合を例にとってみましょう。市民検事は、一九二四年に私がスモルニーにおけるしかじかの会談に関して強制されて自白をした、と断言しています。私は強制されはしませんでした。私に自白をするようにとの圧力は絶対に体験していません。私以外の誰もそれを仄めかしもしませんでしたが、私は当時、一九二三―二四年にこの例を取り上げて、順を追って意見を発表し、党派的な闘争が全く有害であり、それが結局どこへ行きつくかを示したのです。ですからまず初めに私はこの誤解を解きたいと思います。

市民国事犯公訴人は言いました。ブハーリンはこの場、この法廷内で、我々全てを前にし、かつ本訴訟事件の市民裁判官諸氏を前にして立った、五人の証人の証言を論駁する何ものをも例証していない、と。彼らは断言しました、私が強情に唱導したこととして、レーニンの逮捕および彼を肉体的に破滅させるという企図、思想そして着想を抱いたということ、そしてそのうえ、レーニンに加うるに、党における二人の傑出した人物――スターリンおよびスヴェルドロフも含まれていたということ、を。しかしながら、私が論駁の議論を何ら例証しなかったというのは真実ではありません。市民検事はそれらを虚偽であり、虚弱であり、説得力のないものと考えるかもしれませんが、私が何ら論駁のために例証しなかったということはできません。私は数々の議論を例証しています。

主要な証人はヴァルヴァラ・ニコラエヴナ・ヤーコヴレヴァでした。ヴァルヴァラ・ニコラエヴナ・ヤーコヴレヴァは、レーニン、スターリンおよびスヴェルドロフに対する「左翼」社会革命党員と共同の陰謀に向けての、すなわち、彼らの逮捕および計画殺害等々のための準備に関するこの全ての出来事の日付を、――彼女は彼女の証言の際、またその後の私との対決の際にもそして公判中にも、その全てに日付を定めています――ブレスト＝リトフスク講和に先立つ時期に定めています。私は対決の際にも、予審の際にも、そして公判中にも、それは真実ではないと言いました。ブレスト＝リトフスク講和以前に「左翼共産主義者」および「トロツキー派」が武力的手段によってクーデターを実行しようとした、ということは真実ではありません。それは以下の理由によって虚偽なのです。つまり、当時、「トロツキー派」およびいわゆる「左翼派」は中央委員会において過半数を占めていたのであって、したがってもし「トロツキー派」が、ブレスト＝リトフスク講和問題に関する投票が行なわれた決定的瞬間に降伏をしていなかったとしたら、「トロツキー派」および「左翼派」は依然として中央委員会において過半数を占めていたであろうからであります。それが実情だったのですから、彼らがその時条件付降伏したのは陰謀的方法に訴えるためであるなどとどうして想像できるでしょうか？　あの時期を生きた人なら誰しも全くよく記憶しているでしょうが、当時、ブレスト＝リトフスク講和前の「左翼共産主義者」の気持ちは、次期党大会において党多数派を勝ち取ることを願っていたというようなものでした。それが実情であってみれば、どうして今証人ヴァルヴァラ・ニコラエヴナ・ヤーコヴレヴァが語るような陰謀に関する談合がありえたでしょうか？　しかし私はもう一つの例を引証しました。ヴァルヴァラ・ニコラエヴナ・ヤーコヴレヴァは、モスクワ地方事務局《ビューロー》が「左翼共産主義者」の党派的本部であったと断言しました。その際私は不遜にも数人の人名、数人の党の関係メンバーを述べ上げました。私はただこうすることによって、ヴァルヴァラ・ニコラエヴナ・ヤーコヴレヴァの論拠を信用できないものにしたいと思ったのでした。数々の傑出した人々が――クイブゥイシェフ、エメリアン、ヤロスラフスキー、メンジンスキーその他が――当時、私の「左翼」グループに属した「左翼共産主義者」の支持者であったことはよく知られています。これらの人々の重要性は相対的であれ、マンツェフ一派、スツコフ一派そしてその他の者たちよりも、遙かに大きいものでした。しかしマンツェフ、スツコフたちは政治的気質や政治的活動においては、その引き合いに出された人々よりもずっと敏腕でした。そしてブレスト＝リトフスク講和までは、レニングラードにおける中央グループは、その引き合いに出された人々から成っていたのです。そこで私は質問します、これらの人々がその中央グループ〔レニングラード」において要となる位置を占めていたのなら、どうして叛乱計画などありえたでしょうか？　考えられません、ありえないことです。またここで私に対立する第一の証人であるヴァルヴァラ・ニコラエヴナ・ヤーコヴレヴァは物事の互いに全く異なった時期について、つまりブレスト＝リトフスク講和に続く時期とかモスクワの時期とかを、混同してしまっています。

市民裁判官諸氏の寛大さを乞い願いますが、この点に注意力を集中していただきたい。それは極めて重大な事柄であり、極めて興味を惹く事柄でもありますので、そのうえ本法廷において大変な注意力がそれに向けられましたので、私は失礼も顧みず私がすでに申し上げましたことを繰り返させていただきました。しかるに市民国事犯公訴人は、私がこの点について自らの罪を晴らす何らの例証もしなかったと断言しました。

私は他の事柄については詳説しないつもりです。あなた方の時間を取り上げたくはありませんから。私は、カレーリンおよびカムコフと一度会談を行なったことを認めます。そして二十四時間の間レーニンを逮捕することに関する発議、およびそれに伴う「左翼」社会革命党員との連合は「左翼」社会革命党員側に端を発したのです。しかし最初の会談においては返答は粗雑な形でにしろ、否定的なものでした。それから交渉が、引き続いてピャタコフを通じ「左翼」社会革命党員との間で行なわれたという事実に関しては――そしてこのことは市民検事が定式化したように、もし私が間違っていなければですが、武力的手段によるソヴィエト権力の転覆を企図したものと考えられましょうが――これは私は認めます。それが実情だったのです。しかし肉体的に葬り去るという計画については、これを絶対的に否認します。そしてここで市民国事犯公訴人が依拠した論理は、すなわち、武力的逮捕は肉体的に葬り去ることを含むというものですが、それは少しも論理として有効ではありません。憲法制定議会は阻止されましたが、誰一人肉体的に傷つきはしませんでした。我々は「左翼」社会革命党員なる党派の人々を逮捕しましたが、それでも彼らの内誰一人として肉体的に傷つきはしませんでした。「左翼」社会革命党員はジェルジンスキーを逮捕しましたが、それでも彼は肉体的に傷つきはしませんでした。そこで私は言います――そしてこれは国事犯公訴人の論告から削除されました――これらの犯罪的かつ卑劣な会談においては、該当する人々の髪の毛一本だに傷つけられるべきではないということが特別に明文化されていたのです。あなた方がお好きなように考えるのは結構ですが、それが真の事実です。

ブレスト＝リトフスク講和後の挿話的な出来事は大体極めて短時間を要しただけでした。というのはその後まもなく「左翼」社会革命党員が行動を開始したからです。我々は「左翼」社会革命党員なる党派の人々を逮捕しなければならなくなりました。私自身もこの作戦に参加し、「左翼」社会革命党なる党派の人々の逮捕を指揮しました。この後は、大体において我々は「左翼」社会革命党員とは関係がなかったのです。私は革命に関する仕事で外国へ行って、その後戻ってきましたが、その時、繰り返しになりますが、私は「左翼」社会革命党員の爆弾によって負傷しました。私は、証人マンツェフが陳述したように、それが個人的に私目掛けて投げつけられたのではなかったということを否定しはしません。しかし私が言いたいのは、その時私はモスクワ委員会の建物で講義をしようとしていたということ、またその企てが行なわれたのはまさにその瞬間であったこと、そして私が軽傷を負ったこと、それらを誰もが知っていたということ、なのです。党の指導的大物の多くが殺害されました。知れわたっているように、この襲撃は、いわゆる地下無政府主義者とフレパノフおよびその妻タマラに指揮された「左翼」社会革命党員の連合によって遂行されたものでした。

私がマンツェフに言及しましたのは、フレパノフは「左翼共産主義者」であるマンツェフによって逮捕されたからですし、彼がフレパノフの同盟者仲間ではなかったからそうしたのだという理由によるのです。ベラ・クーンが「左翼」社会革命党員を教唆した〔それらの襲撃をなさしめた〕というのは真実ではありません。私は、「左翼共産主義者」と「左翼」社会革命党員との間に束の間の犯罪的陰謀の一時期があったことを言っておきたい。しかしそれは彼らの行動が始まる間もなくすぐに崩壊したのであって、その鎮圧には多くの「左翼共産主義者」が活動的な役割を果たしたのです。

市民検事は論告を補強するために、私の人生のある時期、暗黒の時期を解明する根拠をもたらすはずであった他の多くの問題点を提出しました。

そこには多くの誤謬があります。まず初めに、私は決して召還主義者《オツヅオヴィスト》ではありませんでした。国事犯公訴人はそうだったと言っておられるけれども。

国事犯公訴人は、私が雑誌『新世界』の編集者としてトロッキーと一緒に働いていた事実、かつまた私がトロッキーと連合を成していたという事実に関して私を告訴しておられる。私はこれに異議を唱えます。国事犯公訴人は、私が一九二四年、同志スターリンに反対したといって告訴しておられる。私はそのような事実があったことは思い出せません。さて私はこの辺で公判の過程で私に対し国事犯公訴人が提起したいくつかの告訴に対する異議を終えて、次に私が実際に犯した諸々の犯罪に戻ろうと思います。すでに私はそれらを二度列挙しました。これらの犯罪の重さは計り知れません。これらの犯罪がいかにゆゆしいものであるかを繰り返す必要はないと考えます。そのままで十分明白なことです。

私はただ次のことは言っておきたい。すなわち、「トロッキー派」なる派が一度ならず何度かの場合、別個に行動したということ、そしてまたヤゴーダのように、「連合」の個人メンバーも別個に行動したかもしれないということ、何故ならブラノフが証言したように、ヤゴーダはルイコフと私を彼の秘書と見なしていて、彼自身この法廷において、クーデターが問題であった時期に白痴的大衆蜂起を組織したおしゃべり、と私を呼んでいたのですから。しかし私は「右翼派＝トロツキー派連合」に関係しており、私が政治的には無条件的に何に対しても責任を負うというのは全く当然なことです。

私の犯罪の非常な重大さは明らかであり、政治的責任は計り知れず、法的責任は極刑を正当化するほどのものであります。極刑は正当化されてしかるべきでしょう。何故ならかかる犯罪に対して人は十回の銃殺にも値するからです。これを私は全く無条件的にかつ何ら躊躇することなく、承認します。

私は簡単に、自分の犯罪活動に関する事実と自分の悪行の懺悔についてを説明したいと思います。

私はすでに公判中、主な証言を述べた時に、我々反革命的陰謀家を駆り立て、この審理ですっかり暴露された悪臭紛々たる地下生活へ追いやったものは、闘争の論理そのものではないことを指摘しました。この闘争の論理は、理念の頽廃を、心理の頽廃を、我々自身の頽廃を、人々の頽廃を道連れにしたのです。このような頽廃の有名な歴史的実例があります。ブリアン、ムッソリーニ等々の名前をあげれば十分です。我々もまた頽廃しました。そしてこの頽廃は我々を、その印象やその特徴からしてクラーク階級近衛兵的ファシズムに非常に類似した陣営へ導いたのです。この過程は発展する階級闘争という状況下で常時非常に急速に進行したので、我々の闘争において、その進度、その存在は、頽廃過程の加速度に表現される加速装置とか触媒として作用したのです。

しかし、私自身を含めた人々のこの頽廃過程は、西ヨーロッパにおける国際労働運動指導者たちに頽廃過程が起こったのとは全く異なった状況の中で起こったのでした。それは、その無限の能力、課業、勝利、難局、英雄的行為等々を伴う、巨大な社会主義建設の真只中で起こったのです。

だからこのゆえに、この被告席に坐っている我々の一人ひとりは、特異な意識の二重性に、つまり自分の反革命運動に対する完全ならざる信仰に悩まされたのでした。私はその信仰の意識がなかったというつもりではなく、それが不完全であったと言っているのです。ここから、意志のある種の半麻痺とか反射作用の遅延化現象が起こります。我々はある程度遅延した反射作用を持つ人間たちのように、私には思われます。しかしこれは、一貫した思想の欠如に帰されるべきではなく、社会主義建設の客観的な壮大さに帰せられるべきであります。我々の頽廃の加速度とこれら遅延した反射作用との間に生起した矛盾は、発展しつつある社会主義建設という状況の下での反革命者、あるいは発展しつつある反革命者を表現していたのです。二重心理が生まれました。我々の一人ひとりは自らの魂の中にこれを識別することができます。しかしこれ以上私は奥深い心理学的分析に乗り出すつもりはありません。

しばしば私は、社会主義建設について自分が書いた著述の中の賛辞に自ら感激さえしました。しかしその翌日にはもう、犯罪的性質の実際行動によって、これを拒絶するのでした。そこに、ヘーゲル哲学において、「不幸なる意識」と呼ばれるものが生まれました。この「不幸なる意識」は、ただそれが犯罪的意識でもあるという事実によってだけ、普通の「不幸なる意識」とは異なっていました。

プロレタリア国家の権力はその表現を、反革命諸同盟を粉砕したという事実ばかりでなく、また敵を内部から分解させ、敵の意志を分裂させたという事実にも見出したのでした。他のどこにせよ事情はこれとは異なっているのであって、どの資本主義国においてもありえないことであります。

西ヨーロッパおよびアメリカの知識人のいく人かが、現在ソ連邦で行なわれている裁判に関連して疑問と動揺を抱き始める時、その理由は第一に、これらの人々がその根源的な差異、すなわち、我が国においては敵対者、つまり敵は、同時に、分裂した二重意識を保持しているということを理解しないところから来るのです。そしてこれは最初に理解しておくべき事柄であると考えます。

私が失礼を顧みずこれらの問題を詳説いたしましたのは、私が外国のこれら高等知識人と、特に科学者の間に、かなりの連絡を維持していたからであり、また私はソ連邦においてはどんな共産少年団員《ピオニール》でも知っていることを彼らに説明しなければならないからであります。

人はしばしば悔恨を、チベット人の粉などのような、さまざまな馬鹿げたもののせいにします。私はといえば、一年以上拘留されていた監獄の中で、働き、研究し、精神の明晰さを維持していたと言わねばなりません。このことは全ての寓話や馬鹿げた反革命物語を、事実によって論駁するのに役立つはずです。

人は催眠状態を連想するかもしれません。しかし、この裁判で私は法律的立場からも自らの弁護を引き受け、即座に自分の方向を定め、国事犯公訴人と議論を交えました。だから誰であれ、たとえ医学のこの分野にあまり経験を持っていなくても、この種の催眠状態などは全くありえないと認めざるをえないでしょう。

この懺悔というものは、しばしばドストエフスキー的精神に、すなわち魂の特殊な性質（「スラヴ精神」〔L'âme slave〕と呼ばれますが）に帰せられます。これは、アリョーシャ・カラマーゾフのような類型の人間や、『白痴』の登場人物、それに他のドストエフスキーの作中人物に関してなら当てはまります。これらの人物なら、民衆広場に立って、次のように叫ぶように形象化されているのです。「おれを殴れ、正教徒よ。おれは極悪人だ！」

しかし、現在、事情は全く違ったものになっています。「スラヴ精神」とかドストエフスキーの作中人物の心理とかは、我が国においては遙か遠い過去のもの、つまり大過去の時制に属するものであります。このような類型の人物は、存在するとしても、恐らくいまや小さな田舎町のはずれにでもなければ、我が国には存在しません。それどころか、かかる心理は西ヨーロッパに見出されてしかるべきものなのです。

私はここで私自身について、私の懺悔の理由についてお話しします。もちろん、有罪にする証拠が非常に重要な役割を演ずることを認めまいとするつもりからではありません。三か月の間私は黙秘し続けてきて、それから陳述し始めました。何故でしょうか？　それは、監獄にいた間、私は自らの全過去の再評価をしたからです。何故なら、あなたが自問するとします、「もし死なねばならぬものなら、お前は何のために死のうとしているのか？」と。――するとその時、突然全き暗黒の虚空が驚くべき鮮烈さをもって、あなたの前に立ち現われます。死ぬ理由など何もありはしないのだ、もし人が懺悔せずに死ぬことを欲するのであれば。ところが、これとは反対に、ソ連邦に輝き渡っている一切の積極的なるものは、人間の意識の中に新しい次元の拡がりを獲得するのです。これが、結局私をして完全に武装を解かしめ、党および国家の前に跪かしめました。しかし、そこで再びあなたは自問します。「結構だ。が、お前が死なないと仮定してごらん。何かの奇蹟で生き延びると仮定してごらん。しかし、またそれは何のため？　誰からも孤絶し、人民の敵であり、非人間的な場に立ち、生命の本質を成す全てのものから完全に隔絶して……」そしてただちに全く同じ返答が起こってきます。このような瞬間には、市民裁判官諸氏、全ての個人的なものは、個人的な外皮の中に隠れること、全ての怨恨、誇り、その他の多くのものは、遠く退き、消え失せます。そのうえ、広般な国際階級闘争の反響音があなたの耳にこだまする時、この闘争はその全体性において作用を及ぼすのであって、結果は、その跪く反対者たちに対するソ連邦の完全なる内的精神的勝利となるのです。私はたまたま監獄の図書室でフォイヒトヴァンガーの著作(三二)を見つけました。そこで彼は「トロツキー派」の裁判について解説しています。それは私に深い印象を与えました。しかしフォイヒトヴァンガーは問題の核心を衝いてはいなかったと言わねばなりません。彼は中途で止めてしまい、つまり、全てが彼にとっては明確だったわけではないのです。その頃、実際には、全ては明白なことだったのですが。

世界歴史とは一つの世界法廷です。多くの「トロツキー派」グループ指導者たちは破産し、墓穴に投げ捨てられました。それはその通りです。しかしながら、フォイヒトヴァンガーが特にトロツキーに関連して述べていること、つまり彼がトロツキーをスターリンと同一平面に置いて論じるに至っては、許容できないものがあります。ここでの彼の議論は絶対に間違っています。何故なら、現実には全国はスターリンの後について着実に進んでいます。トロツキーの運命とは反革命の政治です。創造者です。ナポレオンはかつて言いました、運命とは政治である、と。トロツキーの運命とは反革命の政治です。

そろそろ終わりにします。恐らくこれが生涯で最後の話になるでしょう。

いかにして私が検察当局並びにあなた方市民裁判官諸氏に降伏する必要性を悟るにいたったかを、私は説明してきました。我々は最も犯罪的な闘争方法をもって、新生の悦びに背を向ける結果になりました。私はウラジーミル・イリイッチの生命を狙う陰謀を企てたという告訴には反駁します、が私の反革命の共謀者たちは、そして、その首謀者としての私は、スターリンによる現今の途方もない成功の内に実践されているレーニン主義を圧殺しようと努めました。この闘争の論理は我々を段々と真暗闇の泥沼へと引き入れました。そしてボリシェヴィズムの立場からの離脱は政治的反革命山賊集団に味方するということである、とまた再び証明されたのでした。反革命山賊集団は今や粉砕されました。我々は粉砕されたのです。我々は自らの恐るべき犯罪を懺悔いたします。

重要なのは、もちろん、この懺悔ではないし、また特に私の個人的な懺悔ではありません。本法廷はそれにかかわりなく裁断を下すことができます。被告の自白は本質的なものではありません。被告の自白は法制の中世的原理であります。しかしここで我々もまた反革命勢力の内部的崩壊を経験しました。だから武器を捨てたくないのならば、もう一人のトロツキーにならねばなりません。

私はここでこう言うのが私の義務であると感じます、つまり反革命的戦術を構成するようになった諸力の平行四辺形において、トロツキーは第一の原動力でした。最も尖鋭な手段――テロリズム、スパイ活動、ソ連邦の解体、それに破壊活動――それらはまず初めにこの源から発したものでした。

私は、ア・プリオリにそう推論してもいいでしょう。つまり、トロツキーも私の他の共犯者たちも、第二インタナショナルと同様に、私はこれをニコラエフスキーと議論したのですからなおさら、我々を、特に私を弁護しようとするでしょう。私はこの弁護を拒否します、何故なら私は、我が国の前に、党の前に、全人民の前に跪いているのですから。私の犯罪の法外なることは、特にソ連邦の新しい闘争段階にあっては、計り知れないものがあります。願わくば、この公判が最後の厳しい教訓となり、またソ連邦の偉大な力が全ての人々に明らかになりますように。ソ連邦の国民の限界性という反革命理論がみじめなボロ布のように空中に吊るされていたということが、全ての人々に明らかになるようにしてください。誰もが我が国の賢明なる指導がスターリンによって追求されていることを意識しています。

私はこれを意識しながら裁断を待っています。問題なのは繊悔した敵の個人的感情ではなく、ソ連邦の隆盛な進歩、そしてその国際的重要性であります。

（三月十二日午後の公判）被告レーヴィンの最終弁論、被告ヤゴーダの最終弁論、被告クリュチコフの最終弁論、被告カザコフの最終弁論、被告プレトニョフの最終弁論、被告マクシモフ＝ヂコフスキーの最終弁論。（以上省略）

Ⅱ　参考資料・論文

ブハーリンの遺書

私は生を去る。私はプロレタリアートの斧の前に頭を垂れるのではない。その斧は無慈悲であろうとも純一無雑なものにちがいないからである。私は地獄めいた機械の前で自分が無力なのを感ずる。この機械は、おそらくは中世的な方法に頼りつつ、巨人的な力を駆使し、組織だった中傷を念入りに作りあげ、大胆に、そして泰然として行動するのである。

ジェルジンスキーはもうこの世にいない。革命の理想が〈チェーカー〉のすべての行為を導き、敵にたいする残酷さを正当化し、国家をすべての反革命から守っていたころの、〈チェーカー〉の数かずのすばらしい伝統は徐々に消え失せていった。——かかる伝統があったればこそ、かつて〈チェーカー〉の諸機関は特別の名誉と信頼と、また権威と尊敬とに値してきたのに。現今においてはＮＫＶＤの諸機関は、その大部分が、裕福で、腐敗し、理想を喪失した官吏から成る堕落した機構の代表的存在と化している。そしてこれらの官吏は、往時の〈チェーカー〉の権威を利用し、またスターリンの病的猜疑心——それ以上のことは語らぬとしても——に迎合すべく汲々として、勲章と名誉とを求めつつ、彼らの汚らわしい仕事をなしとげるのである。なお、彼らはみずからがそれと同時にわが身をも滅ぼしていることを悟らずにいる。何故身を滅ぼすのかといえば、歴史は不潔な事件にかんしては証人の存在を許しておけないからである。
これらの《奇蹟的な》委員会は、いかかる中央委員および党員をも塵《ちり》ひじに帰せしめ、裏切者・テロリスト・スパイに仕立てることができる。もしスターリンにして彼自身に疑いを抱くにいたったとしても、彼はたちどころに安心させてもらうことができたことであろう。

暗澹たる黒雲が党に押しかぶさってきた。私ひとりの罪のない頭が、同様に罪のないほかのいく千もの頭を道連れにすることであろう。たしかに、なんらかの組織を作りあげねばならない。たとえば、あの《ブハーリン組織》なるものを。しかし、じっさいにはかような組織は最近も――なんとなれば、すでに七年も前から、私はもはや党と露ほどの意見相違もきたしていないからである――またあのころ、つまり右翼反対派の時期にさえも実在してはいなかったのである。私はリューチンおよびウグラノフの秘密組織のことをいっさい知らずにいた。私はルイコフおよびトムスキーにたいして私の意見を公然と開陳したものである。

私は一八歳のときからの党員であり、そして私の生涯の目的はつねに、勤労者階級の利益のため、社会主義の利益のために闘うことであった。近ごろ、〈真理《プラウダ》〉という聖なる名を冠した新聞が鉄面皮な虚偽を発表しているが、それによるとニコライ・ブハーリンはなんでも〈十月〉の成果を破壊して資本主義を再興しようと努めたのだとのことである。それは前代未聞の厚顔無恥の業であり、虚偽であって、このようなことを語るとは、その傍若無人ぶりからいっても、また公然と無責任な性格からいっても、まるでニコライ・ロマノフが資本主義および君主政に対抗してプロレタリア革命の実現を図らんがための闘争にその全生涯を捧げた、などと断言するのにも等しいのである。

社会主義建設のための闘争にあたって私が一度ならず誤謬を犯すことがあったとしても、未来の世代がウラジーミル・イリイッチ・レーニン以上には私を苛酷に裁くことがないように。

われわれは、踏みなれた小径から隔たった道を辿りながら、はじめて共同の目的めざして進んでいったのである。時代がいまと異なり、慣わしもまったく違っていた。プラウダ紙には《討論欄》が設けてあった。全員が議論し、新しい道を探し、争っては和解して、共同の道を歩みつづけたのである。

未来の世代の党指導者よ、私は諸君に呼びかける。この恐ろしい日々の間にしだいに大がかりなものとなり、火のように燃えひろがって、党を窒息せしめようとしている罪悪が、かくもものすごく絡まりあっているのを解きほぐす義務が、この未来の世代の歴史的任務のなかに含まれることであろう。あらゆる党員に、私は呼びかける。

おそらくは私の生涯の最後の日であるこの日は、私にこう説き聞かせてくれる。すなわち、遅かれ早かれ歴史の濾過器は、私の頭からあらゆる卑劣な行為をかならずや洗い落してくれるであろう、と。

私はいまだかつて裏切者であったことがない。私はレーニンの生命のためならば、ためらうことなく私の生命を犠牲にしたことであろう。私はキーロフが非常に好きであったし、なにひとつスターリンにたいしてたくらんだこともない。

私は、新しく、若く、正直な世代の党指導者に、中央委員会全員出席会議において私を正当化するよう、また党内において私の権利回復を行なうようにと要請する。同志たちよ、知ってくれたまえ。諸君が共産主義への勝利の行進のあいだ押し立ててゆく旗には、私の血の小さな一滴が宿っているであろう、ということを。

（これは、ソ連の地下出版物『不死鳥六六』に発表されたのを「フィガロ・リテレール」紙第一〇八五号が掲載し、みすず書房が『みすず』第九七号で訳出したものである。同編集部のご厚意により転載した）

ブハーリンの略歴

ニコライ・イヴァノヴィチ・ブハーリンは、一八八八年九月二七日、モスクワに生まれ、両親は二人とも教師であった。父親は数学者で、モスクワ大学物理化学部を卒業していた。彼は、知的雰囲気の中で養育され、四歳半ですでに読み書きができ、父親の影響のもとに、博物学の書物、とりわけカイゴロードフ、ティミリャーゼフ、ブレームの著作に夢中になった。彼は、蝶、黄金虫などを熱心に採取し、家にはいつでも鳥がいっぱいいる状態であった。また彼はデッサンをするのが非常に好きであった。宗教に関しては次第に懐疑的な態度をとるようになった。

五歳になる少し前、父親はベッサラビヤの税検査官に任命され、一家は約四年間そこで生活した。ブハーリンにとってこの時期は、《精神的》成長という観点から見れば、解放の時期であった。彼をとりまく雰囲気は、本に代わって、多くの魅力を備えた地方の田舎町のそれであった。彼は、以前と比べると限りなく《自由》であり、両親の教育も理性的な面がずっと少なくなった。彼は、庭、野原で大きくなり、庭の蜘蛛の穴一つひとつを諳んじているほどであった。

当時の彼の大きな夢は『ヨーロッパ・中央アジア領土産蝶類図鑑』やその他の同様の出版物を手にする

ことであった。一家はそれからモスクワへ戻ったが、父親には約二年間職がなく、物質的困難に耐えなければならなかった。彼は、骨や屑を拾い集めたり、古新聞を集めたりして小銭を得た。生活上では《ボヘミアン》であった父は、ロシア文学に造詣が深く、またハイネを大いに尊敬していた。その当時ブハーリンは手に入る限りの本を読んだ。ハイネの全作品、コズマ・プロトコフの全作品を暗記していた。彼は、幼少時から文学の古典を読んでおり、その頃は、モリエールのほぼ全ての作品とコルシュの『古代文学史』を読了していた。この行きあたりばったりの乱読のため、彼は奇嬌を演じるようになった。例えば、若干の馬鹿げたスペインの騎士物語を読んでから、米西戦争のとき、スペイン側の荒々しいパルチザンに自分を擬したり、コルシュの影響を受けて古代を夢想しては、自分の時代の都会生活のことを考える時は、いつも軽蔑感を覚えたりした。

これと同じ頃、遊び仲間に浮浪児がおり、彼とお手玉、喧嘩騒ぎなどをして遊んだ。彼が《魂の最初の危機》を乗り越えて、終局的に信念を放棄したのはこの頃か、それより若干後のことであった。彼はこのことを《ませた》態度で外に向かって表現した。まだ神秘を夢みている他の子供たちと喧嘩し、《キリストの生贄》を教会から持ち出したりした。同じ頃ウラジーミル・ソロヴィヨフの『神人論』を偶然読み、自分自身が偽キリストではないかと考えたり、『黙示録』を読むこと（これは学校司祭による厳しい非難を意味した）によって偽キリストの母は宗教的罪人であると教えられていたので、稀有な正直者で母性愛に満ち、貞潔な彼の母親に《罪人ではないか》と尋ねたりした。

彼は小学校を首席で卒業したが、すぐ高等中学に入学できず、一年間ラテン語の勉強をして直接第六年次に入るための試験を受けてモスクワ第一高等中学に入学した。彼は常にオール五の成績で、勉強に関してはしかも何の努力も払わず、辞書なども持ったことがなく、同級生のものを借りてすばやく写し、予習も教授が来る五―十分の間に済ませてしまうほどであった。第三年次または第二年次に彼は、サークルの組織、雑誌の発刊などを開始した。最初これらは全く〝無害〟なものであったが、次第に非合法文献を読む段階に移行し、さらに《学生組織》の形成に至った。これらのサークルには、社会革命党員と社会民主党員が加入しており、ブハーリンは最後に、間もなく社会民主党の組織になるマルクス主義派に与した。

最初彼は、経済学理論の講読を苦痛に感じたが、マルクス主義理論の《核心》に入ると常ならぬ論理のハーモーニーを聞きとり、大いに影響をうけた。また《社会革命党》の理論は、彼には優柔不断に思われた。それから一九〇五年革命、集会、デモなどがあり、当然彼らは、これに極めて活発な役割を果たした。一九〇六年、彼は正式にロシア社会民主党ボリシェヴィキ・フラクションの党員となり、モスクワ市ザモスクヴォレック区で宣伝活動に従事、地下活動を開始した。卒業試験のとき、彼はイリヤ・エレンブルグにスラドコフの壁紙工場のストライキを指導した。

一九〇七年モスクワ大学に入学すると、ハモブーニチェスク区のドルゴミーロクスク地区で宣伝・組織活動に従事、また彼は秘密の集会を組織し、自由主義的傾向をもつ若干の教授たちのゼミナールで何らかの理論的活動をするために、大学を利用した。一九〇八年、党モスクワ委員会の補充のために、互選により委員に選出され、一九〇九年に、委員会入りは選挙によっても承認され「召還主義者」との厳しい闘争を指導した。この頃、彼は異端の傾向、すなわち経験批判論に傾き、この問題に関するロシア語文献全てを読んだ。一九〇九年五月二九日、彼はモスクワ委員会の集会で逮捕され、釈放され、再び逮捕された。次いで釈放されるが、一九一〇年末、党のモスクワにおける全組織と共に再び逮捕された（当時彼は合法組織の中で活動していた）。彼は数か月間監獄に入れられてからオネガに送られたが、懲役の判決を免れるために外国へ逃亡しなければならなかった。

この時期一九一二年秋、彼はレーニンと知り合い、巨大な影響を受けた。外国語を学び、実践を通じて彼はヨーロッパ労働運動に精通するようにもなった。またレーニンのすすめによって彼の文筆活動（「プラウダ」紙への寄稿、『プロスヴェシチェーニエ』への協力、トゥガン＝バラノフスキーに関する「ノイエ・ツァイト」掲載の最初の論考）が開始されたのも、この時期である。ヨーロッパ各地で、彼は労働運動に積極的役割を果たすべく努力した。党はブハーリンをドイツ社会民主党のケムニッツ党大会に中央委員会の代表として派遣した。一九一二年―一九一三年の冬の間、彼はウィーンに移り、著書『金利生活者の経済学』を準備し、かたわらボェーム・バヴェルクとウィーザーの講義を聴く。このウィーン時代に彼は論争的な理論経済学の著作（ストルーヴェ、トゥガン＝バラノフスキー、オッペンハイマー、ボェーム・バヴェルクに反対するもの）の大部分、『プロスヴェシチェーニエ』「プラウダ」紙上の一連の論文が書かれている。ブハーリンは、絶えずレーニンと接触を保ちつつボリシェヴィキ国会フラクションのための仕事（演説、声明などの準備）に緊密に関与するとともに、あわせてウィーンのロシア社会民主党サークルで活動し、メンシェヴィキとの闘争を指導した。

一九一四年、第一次大戦直前に、オーストリアのリンツで「スパイ」として逮捕されたブハーリンは、オーストリア社会民主党指導者の証言をまって、スイスへ追放処分となった。スイスでは一九一五年七月まで滞在したが、その間に彼はボリシェヴィキの在外組織を結成して祖国防衛主義者に対する闘争を指導し、一九一五年二月ベルンで在外支部党協議会に参加した。この時期に彼は『世界経済と帝国主義』を執筆し、本稿はボリシェヴィキ在外機関紙「コミュニスト」に圧縮されて掲載された。一九一五年七月、ドルゴレフスキー名義の旅券を利してフランス、イギリス経由でスウェーデンへ渡った（その間イギリス、ニューキャスルで一時拘留される）。

スウェーデンにおいては、ヘーグルント訴訟で拘留されて活動ができなくなるまで、親友ピャタコフと共に図書館にかよって仕事をした。また「青年派」（後のチンメルワルト左派主義者。ヘーグルントの周囲に結集していた）と交流をかわし、彼らの機関紙「シュトルムクロカン」に協力した。一九一五年夏スウェーデンの戦争参加が焦眉の問題となったとして開かれた「青年派」のストックホルムの半非合法集会に参加した。スウェーデン官憲はヘーグルントを逮捕するとともに、ブハーリンを反軍国主義宣伝の廉で逮捕し、ストックホルムの監獄で一か月半拘留・強制労働を経てノルウェーに追放した。ノルウェーで「青年派」の機関紙「クラースカンペン」の刊行に積極的な役割を果たすとともに、一連の論文を載掲、レーニンとの間の民族問題および国家論に関する理論的見解の差異を開陳した。彼の著作『帝国主義国家の理論によせて』は、ボリシェヴィキの理論誌『ソツィアル・デモクラート』（スイスで発刊）には掲載されなかったが、それは後、当時の急進派の諸機関紙「トリビューン」（オランダ）、「クラースカンペン」（ノルウェー）「労働者政策」（ブレーメン）「青年インタナショナル」（同）「ノーヴィ・ミール」（ニューヨーク）の各誌紙で、その主題の内容を発展的に展開した。ブハーリンは、一九一六年十月ノルウェー、デンマーク経由で、非合法的にアメリカへ渡った。

アメリカのニューヨークでは「ノーヴィ・ミール」をトロツキー、コロンタイとともに編集し、そこで革命的・国際主義的立場を貫いた。彼はレーニンと連絡を維持しつつ、各地で煽動行動を行なった。チンメルワルト左派の形成に努力。これ以降約八年の間トロツキーとは交友関係をつづけることになる。

一九一七年二月革命が起こるや、彼は日本経由で帰国するが、途中兵士を煽動した廉でチェリアビンスクでメンシェヴィキに逮捕された。モスクワに着くと、モスクワ・ソヴィエトの執行委員、党モスクワ委員会委員に選出され、「ソツィアル・デモクラート」と「スパルタ－ク」（理論機関誌）の編集にたずさわる。

第六回党大会（一九一七、七）で中央委員会委員に選出された。国家会議（一九一七、八）民主勢力会議（一九一七、九）にも参加、また国家会議と同時期にゼネストを目指した全労働組合集会にも参加した。同時に彼は、「モスクワ労農ソヴィエト布告第一号」の執筆者であり、モスクワ市会議員でもあった。この時期は、彼はモスクワにおける政治的指導者であり、メンシェヴィキ、エス・エルとの闘争を指導し、十月革命の直前には反コルニーロフ運動に大きな役割を果たし、蜂起・権力奪取に対する党内の動揺と対決して克服に努力してボリシェヴィキの蜂起の準備を指導した。「モスクワ軍事革命委員会通報」（蜂起の機関紙）を編集した。憲法制定会議が解散するまでの間、ボリシェヴィキ・フラクションの名で同会議で多くの演説を行なった。ブレスト講和時で、党内対立が生じるまで党中央機関紙「プラウダ」を編集した。ブレスト講和にあっては、レーニンの講和締結の立場に公然と反対し、「左翼共産主義者」の頭領としウリツキー、ラデックとともに「コミュニスト」を編集、論陣をはった。しかし、後に、彼はこのことを政治的誤謬として自己批判し、一九一八年左翼エス・エルのモスクワ蜂起後、「プラウダ」の編集員に復帰した。一九一九年、第八回党大会で、政治局委員候補に選出され、第一三回大会（一九二四）で同委員となった。

一九一七―一八年にはいくどとなく党とコミンテルンの委任をうけて外国を訪問した。一九一八年にはカール・リープクネヒトとドイツで会い、スパルタクス・ブントとボリシェヴィキとの思想的結合を確立して、ロシア共産党の影響をもたらした。ドイツ十一月革命直前には、ソヴィエト大使館員とともに追放処分をうけた。帰国途上、革命によって成立したドイツ労兵協議会大会への代表団に参加するよう党から委任を受けるが、代表団の他のメンバー（マルヒレフスキー、ラデック、ラコフスキー）とともにホフマン将軍の命令をうけたドイツ将校団によって機関銃で包囲されるが、護送の下部兵士を叛乱させることによって窮地を脱する。しかしドイツの「社会主義」政権には結局入国を許可されなかった。

一九一九―二八年の間、彼はコミンテルンの重職を占めた。一九一九年、三月の創立大会においては、その召集、準備、大会運営に携わりつつ、ボリシェヴィキの代表として綱領問題に関する報告を行ない、コミンテルン議長ジノヴィエフの〝副官〟として執行委員に選出され、以後もずっと再選される。コミンテルン第二回大会（一九二〇、七―八）では、議会主義について報告し、社会民主党の立場と対立する共産主義者の原則的立場を基礎づけるとともに、コミンテルン支持者内の「反議会的傾向」に反対した。第三回大会（一九二一、六―七）においては、戦術問題についての討論に参加し、レヴィ、ホルテルウの「ドイツ共産主義労働者党」と対決し、レーニンの報告に従って、ロシア共産党内の反対派に反論した。一九二一年にはコミンテルン執行委員会の第一回拡大総会とコミンテルン第四回大会に参加し、インタナショナルの綱領問題について報告し、第二インターの破産を導き出し、諸外国にとってのネップの課題といわゆる社会主義の「民族的型」の問題を提起した。一九二二年四月には、ラデックとともに三つのインタナショナルの協議会（ベルリン会議）に代表団の一員として参加した。コミンテルン五回大会（一九二四、六―七）で綱領問題に再び触れて報告した。一九二三年、ドイツ共産党の戦術評価をめぐりブハーリンはドイツ共産党指導者（ブランドラー、タールハイマー、ラデック）の右翼的偏向に反対、またボロディンとの闘争を指導した。一九二五年のコミンテルン執行委員会で演説し、諸テーゼを提起し、農業農民問題についてのコミンテルンの布告、テーゼ、ドイツ極左派へのコミンテルン執行委員会の手紙などを執筆した。

またブハーリンにとって一九二三年という時期は《合同反対派》（トロッキー、ジノヴィエフ）との勝利せる党内闘争で、スターリンの最も重要な同盟者となった時期であった。コミンテルン執行委員会の第七回拡大総会（一九二六、十一）で、彼は、彼の経歴上の頂点に達した。すなわちここで彼は国際関係に関する主要報告を行なって、コミンテルンの指導者としてジノヴィエフにとってかわった。コミンテルン第八回拡大総会（一九二七、五）で中国革命について報告、同九回拡大総会（一九二八、二）でロシア共産党とコミンテルン内反対派に対する反撃の演説を行なった。コミンテルン第六回大会（一九二八、八）では、冒頭演説を行ない国際情勢について報告し、そこで採択されたコミンテルン綱領の主要起草者であった。

この時期すでにスターリンとの決裂が切迫していた。一九二八年九月、ブハーリン自身が主幹であった「プラウダ」は彼を《右翼的偏向》として初めて攻撃した。一九二九年四月、ロシア共産党中央委員会は、すべてのコミンテルンの役職から彼を罷免した。同七月コミンテルン執行委員会は彼の解任を確定した。同十一月、彼はボリシェヴィキの政治局からも排除された。この失脚期間中、ブハーリンはモスクワ大学の教授および学士院会員として純学者生活を送り、一九三一年七月ロンドンで開かれた第二回科学技術者国際会議にソヴィエト学者団の団長として出席した。

一九三三年二月ブハーリンの自己批判後、スターリンは、彼を『イズヴェスチヤ』の編集長に任命した。第一七回党大会（一九三四、二）で彼は、自己批判の演説を許されたあと中央委員委員候補に選出され、スターリン新体制を準備するための職務に就いた。しかし第二次モスクワ裁判（一九三七、一）で非難され、逮捕され、第三次モスクワ裁判（一九三八、三）でルイコフらと共に死刑を宣せられた。

★　★　★

以下にブハーリンの主要な理論的著作をあげる。

- 『世界経済と帝国主義』一九一八年刊、序文レーニン、現代思潮社『ブハーリン著作選』第三巻所収
- 『ツァーリズムの崩壊からブルジョアジーの崩壊へ』一九一八年刊

●『共産主義のＡＢＣ』＊　一九一九年刊、プレオブラジェンスキーとの共著
●『金利生活者の政治経済学』＊　一九一九年刊
●『過渡期の経済学』　一九二〇年刊、現代思潮社『ブハーリン著作選』第一巻所収
●『史的唯物論』＊　一九二一年刊
●『プロレタリア革命と文化』＊　一九二三年刊
●『マルクス主義者としてのレーニン』＊　一九二四年刊
●『帝国主義と資本蓄積』＊　一九二五年刊
●『トロツキズムの諸問題について』　一九二五年刊
●『カール・カウツキーとソヴィエト・ロシア』＊　一九二五年刊
●『反対派の経済理論への批判』＊　一九二六年刊
●『十月革命の前夜』　一九二六年刊
●『中国革命の諸問題』＊　一九二七年刊
●『レーニン主義について』＊　一九二七年刊、スターリンとの共著
●『一経済学者の手記』　一九二八年刊、現代思潮社『ブハーリン著作選』第二巻所収
●「組織された不経済」の理論』　一九二九年、現代思潮社『ブハーリン著作選』第二巻所収
●『科学研究労働の計画化の諸問題』　一九三一年刊
●『ダーウィン主義とマルクス主義』　一九三二年刊
●『ゲーテとその歴史的意義』　一九三二年刊

＊印については、戦前訳出されたものである。

トロツキーの論考（『反対派ブレテン』第六五号、一九三八年四月）

ゲンリフ・ヤゴーダの役割

多分、モスクワ裁判の幻影の中で、最もファンタスティックな部分は、長年にわたるゲーペーウーの指導者でありかつトロツキー＝ブハーリン・センターの《陰謀家》であったゲンリフ・ヤゴーダの登場である。このようなことが予期しえたであろうか。スターリンは、彼が、自分の特に信頼する人物であるヤゴーダを、ゲーペーウーの第一人者の地位につけておくことのできる間は、長い間政治局において、ずるく立ち回らなければならなかった。一九二六年以降の、あらゆる種類の反対派との闘争は、ヤゴーダの手中に集中した。彼は、あらゆる偽造の最も親密な実行者であるばかりでなく、一九二九年においてもうすでに、ブリュームキン、シロフ、ラビノーヴィチらの反対者の第一回の銃殺の組織者であった。

リョフ・セドフがパリで発行している『反対派ブレテン』のページには、ヤゴーダの名前が、ツァーリの特別警備長官のズバートフの名前が革命的出版物にかつて引用されたのと同じような調子で何十回も引用されている。まさにヤゴーダは、ヴィシンスキー検事と連携して、キーロフの殺害以来、一九三六年八月のジノヴィエフ＝カーメネフ裁判に至る一連のセンセーショナルな裁判を準備したのだ。ゲンリフ・ヤゴーダの発明品として心からの懺悔の制度が歴史にもちこまれた。誰かが、ゲッペルスがローマ法王のスパイであるといっても、これは、ヤゴーダがトロッキーのスパイであったという仮定ほどには馬鹿げたことは思われまい。しかし、事実はこうだ。新しい裁判制度のために、ヤゴーダが建築家としてではなく、材料として必要であったのだ。

秘密警察の全能な長官の運命は、あらゆるこの種の問題が決定されるところ、すなわちスターリンの執務室の中で考量され、決定された。ヤゴーダは裁判において、大きな役割を果たしていた。残された任務は、彼に割り当てられた役割を自分自身に引き受けさせること、である。ヤゴーダ逮捕後の数か月間、トゥハチェフスキーおよびトロツキスト、さらに右派の陰謀への彼の参加については一言もふれられなかった。ヤゴーダも世論もまだそのためには熟しておらず、また、ヴィシンスキーが公衆に新しい顧客をうまく示すことができるかどうかということにも自信がなかったからである。

ソヴィエトと世界の新聞によって配布された最初の告発は、放埒な生活、国有財産の横領、粗暴などのどんちゃんさわぎであった。このような告発は本当であろうか。ヤゴーダに関していえば、これは充分あてはまるであろう。出世主義者で、恥知らずの小専制主義者の彼は、私生活においても所詮は、美徳の典型ではなかった。もし彼が、自己の本能を犯罪の領域にまで野放しにしても、自分は決して罰せられないと確信していた、と言い足すことだけが必要である。ヤゴーダの典型的な生活は、すでに久しい以前からモスクワでは知られており、当のスターリンにも知られていた。ソヴィエトの高官を毀損するあらゆる事実を、スターリンは科学的な入念さをもって集め、裁判の資料としており、そしてここから、部分的に政治的に必要なだけ引き出していた。ヤゴーダを道徳的に倒すことが必要となった時が来た。このことは、いくぶんは、彼の私生活のスキャンダラスな暴露となった。数か月間のこの種の工作の後、ゲーペーウーの前長官は、二者択一を迫られていることがわかった。つまり、国有財産の着服者として銃殺されるか、それとも、多分、偽りの反逆者として、生命だけはとりとめるか、と。ヤゴーダは、自ら選択し、名簿の二十一番目に加えられた。ヤゴーダはカモフラージュのためにのみ、トロツキストを銃殺したのであり、実際は彼は、トロツキストの協力者であり、スパイであったことを、世間の人々はとうとう知ったのである。

しかしながら、誰が、何のために、こんなありえそうもない、みっともない複雑化を必要としたのであろうか。それでなくても裁判上の混合は複雑であるのに。ヤゴーダが被告の名簿に掲載されることは、全くファンタスティックなことである。スターリンが、腹心のスパイがトロツキーのスパイになってしまったことに我慢できなくなったのには、何か具体的な直接的な極めて切迫した原因があったに違いない。この原因を今、ヤゴーダ自身が解明する。

彼自身の言葉によれば（三月五日の会議における）彼は、レニングラードの自分の配下につぎのような命令を与えた。もちろん、〈トロツキーの教示によれば〉、キーロフに対するテロ行為を妨害するなというものである。ゲーペーウーの長官から発せられたので、このような命令は、キーロフを殺害せよという命令に等しかった。もっとも自然な仮定は、このようなものである。ヤゴーダは、犯罪を引き受けた。彼は誰に対しても、どのような関係もない。しかし、誰が何のために、キーロフ殺害において、前ゲーペーウー長官の真実のあるいは虚偽の自白を必要としたのか。Quid Prodest?（そはいかなる役に立つや？）

手短に、最も重要な事実を思い出してみよう。

キーロフは、一九三四年一二月一日に無名のニコラーエフとかいう人間によって殺された。殺人者とその協力者の容疑を受けた者の裁判は非公開でなされた。ソヴィエトの新聞に部分的に発表された起訴状および公的な補足的な資料から、ラトヴィア領事ビセネクスがニコラーエフに今後のテロ行為用にと五千ルーブリを与え、そのかわりに彼からある《トロツキーあての手紙》を要求したことが明らかになった。一九三四年一二月三〇日、私は新聞に、ビセネクス領事はヤゴーダのスパイであると確信している旨を発表した（『反対派ブレテン』一九三五年一月号）。私は、ゲーペーウーが実際キーロフの殺害を考慮していたとは、当時予想もできなかったし、今も考えられない。問題は〈反逆〉を準備し、反対派、特に私をその反逆にまきこみ、最後の瞬間にはこの陰謀を暴露することにあった。この仮定は、一か月後には、公式発表ほど確実なものではなくなった。

一九三五年一月二三日、軍法会議は、レニングラードのゲーペーウーの高官に対して、長官メドヴェージ以下一二人に二年から一〇年の禁錮の判決を下した。公表された判決文は全く、文字通り「彼らはキーロフに対する陰謀の準備を知っていた。しかし、彼らは必要な防衛手段をとらず、はなはだしく怠慢であった（！）」というものである。これ以上公然と表現することはできなかった。《はなはだしい怠慢》とはここでは、ゲーペーウーが、キーロフに対する陰謀の準備に直接に関係していたことを意味する。ビセネクス領事の役割との関係では、つぎの点が明白である。ニコラーエフは、官許のスパイの手の中にある道具にすぎなかった。この計画に真剣に対処する理由が明らかにあったので、ニコラーエフはこの好機を利用し、ヤゴーダが《トロツキーあての手紙》を手に入れることよりも前にキーロフを射撃した。ゲーペーウーの一二人の高官スパイが前もって、陰謀の準備を知っていたことを公然と発表する必要性は、多分高官たちにとって、是非ともアリバイをたてることが必要であるということによってのみ説明がつく。キーロフ殺害の状況は、反対派との闘争において《指導者》は、最も親密な協力者たちの方を向き始めたというひそひそ話を、官僚機構の上層部に引き起こさざるをえなかった。事情を良く知った人は、一人として、レニングラードのゲーペーウーの長官であるメドヴェージは、ヤゴーダがスターリンの方針を守り、スターリンから教示を受けたのと同じように、重要な作戦の進行について毎日ヤゴーダに報告していたということに疑いをさしはさむ者はいない。この極度に危険なうわさに反撃を加えるためには、モスクワ裁判計画のレニングラードの執行者を犠牲にする他なかった。

一九三五年の一月二六日、私はつぎのように書いた。《スターリンの直接の賛成がなければ、すなわち何よりもまず、彼のイニシアティブがなければ、ヤゴーダもメドヴェージも決して、そのような危険な計画を実行しなかったであろう》(『反対派ブレテン』一九三五年二月号)。

キーロフの死は、オールド・ボリシェヴィキの組織的絶滅の出発点となった。しかし、ゲーペーウーがキーロフ派をめぐる人々を裁判にかければかけるほど、こうした問題がすべての事柄にますます執拗に迫ってくる。Quid Prodest?(そはいかなる役に立つや?)これは誰にとって必要であったか、古参者を絶滅することは、明確なスターリンの政治的目的である。モスクワの幹部たちは、ヤゴーダがスターリンの教示なしでは行動できないということを、一瞬たりとも疑わなかった。嫌疑は確信に変わりながら、ますます広大な範囲に滲透していった。スターリンにとって、ヤゴーダを遠ざけ、自分とヤゴーダの間に深いみぞをつくり、せいぜいこのみぞの中に、ヤゴーダの死体を投げこむことが必要となった。

私たちの結論に、反駁を許さぬ論拠となる数十の補足的事実、引用、判断を持ち出すことができるであろう(それは、ジョン・デューイ委員会の資料の中にある)。キーロフの殺害は、反対派の指導者たちのテロリズムを告発するために、スターリン=ヤゴーダによってつくられた警察的混合物の副産物以外の何ものでもなかった。この協力体制を最大限にするために、スターリンは最初から、ただ二流のスパイ(メドヴェージやその他）が流布する世論を裏切ろうと努めた。しかしながら、事実そのもの内的論理と、それをさらに暴露することによって、スターリンは自分の第一の協力者を犠牲にせざるをえなくなった。このようにして、現在の裁判において最も解明しがたいものが明らかになった。すなわち、ゲーペーウーの前長官が《トロツキーの教示に従って》キーロフ殺害に参加したというゲーペーウー前長官の証言である。裁判のすべての原動力の中で、この最も秘密の部分を理解するものは、容易に裁判のすべてを理解するであろう。

コヨアカン　一九三八年三月七日

裁判の総括

（一）

モスクワ裁判は、その判決が下される前でも、馬鹿馬鹿しいまでの矛盾で、世論をうんざりさせた。平均的なジャーナリストならだれでも、ヴィシンスキーの明日の起訴状を前もって書くことができる。ほんのわずかの野卑な罵詈を書き加えながら。ヴィシンスキーは自己の個人的裁判をこの政治裁判と結びつけてしまっている。革命の時に彼は、白軍の側にいた。ボリシェヴィキの最終的な勝利の後に彼はその志向を変えたので、長い間自分を卑下し、嫌疑をかけられていると思っていた。今、彼は雪辱戦を行なっている。彼は、長い間いんぎんに語ってきた名前である、ブハーリン、ルイコフ、ラコフスキーを今愚弄することができる。同時に、三人の大使諸君、すなわちヴィシンスキーとほとんど同じ経歴のトロヤノフスキー、マイスキー、スリッツは、文明化された人類の世論に対して、ブハーリン、ルイコフ、ラコフスキー、トロツキーなどが過去と同じように現在も革命を裏切っているまさにその時に、彼らこそが十月革命の遺言を実行しているのだということを明らかにした。すべてはさかさまである。

ヴィシンスキーが行なわざるをえなかった最近の一連の裁判の総括によれば、ソヴィエト国家は、大逆人の集中叛乱機構として機能している。政府の中枢と人民委員の大部分（ルイコフ、カーメネフ、ルジュターク、スミルノフ、ヤーコブレフ、ローゼンゴリツ、チェルノーフ、グリンコ、イヴァノフ、オシンスキーなど）、最重要のソヴィエトの外交官たち（ラコフスキー、ソコリニコフ、クレスチンスキー、カラハン、ボゴモロフ、ユレネフなど）、コミンテルンの全指導者（ジノヴィエフ、ブハーリン、ラデック）、経済の中心指導者（ピャタコフ、スミルノフ、セレブリャコーフ、リフシッツなど）、赤軍の優秀な司令官および指導者（トゥハチェフスキー、ガマルニク、ヤキール、ウボレヴィッチ、コルク、ムラロフ、ムラチコフスキー、アルクスニス、オルロフ将軍など）、三十五年間にわたってボリシェヴィズムに基づいて行動してきた、極めて優秀な労働者革命家（トムスキー、エフドキーモフ、スミルノフ、バカーエフ、セレブリャコーフ、ボグスラフスキー、ムラチコフスキー）、ロシア・ソヴィエト共和国政府の首班およびその構成員（スリモフ、ヴァルヴァラ・ヤーコヴレヴァ）、例外なしに三〇のソヴィエト共和国の全首班、つまり、民族解放運動に身を捧げた指導者（ブードゥ・ムジヴァーニ、オクドジャヴァ、カフタラージェ、チェルビャコーフ、ゴロデード、スクルイプニク、リュブチェンコ、ネストル・ラコバ、ファイズゥラ・ホジャーエフ、イクラモフ他数十人）、最近数十年間のゲーペーウーの指導者、ヤゴーダとその協力者、最後に以上のどれよりも重要な万能な、実際の国家の最高権力を握っている政治局の構成員（トロツキー、ジノヴィエフ、カーメネフ、トムスキー、ルイコフ、ブハーリン、ルジュターク）、これら全員が、ソヴィエト権力が彼らの手中にあった時ですらソヴィエト権力に対して陰謀をくわだてていたのであった。彼ら全員は外国のスパイとして、彼らが樹立したソヴィエト連邦をずたずたに引き裂き諸民族を――彼らはまさにそれらの民族の解放のために何十年間も戦ってきたのだ――ファシズムに隷属させようと努めていた。

この犯罪行為において、元首、大臣、元帥、大使らは確実に一個人に服従した。公的な指導者では決してなく、追放された一人に。トロツキーは指を鳴らすだけで十分であった。そして、革命の経験者はヒトラーとミカドのスパイになった。偶然知りあったタス通信員を通じたトロツキーの《教示》に従って工業、運輸、農業の指導者は、国家の生産力とその文化を崩壊させた。ノルウェーあるいはメキシコから送られてきた《人民の敵》の指令に基づいて、極東の鉄道員が軍用列車の破壊を実行、また畏敬すべきクレムリンの医師は自分の患者を毒殺した。これがまさにヴィシンスキーが、最近の諸裁判に基づいて描かざるをえなかった驚愕すべきソヴィエト国家のありさまであるのだ！　しかしここに困難なことが起こる。全体主義体制は機構の独裁である。私に従っているトロツキストたちによってこの重要な機構のすべての点が支配されるとしたら、そのような場合に、何故スターリンがクレムリンにおり私が追放されているのか。

これらの裁判においてはすべてはさかさまである。十月革命の敵はその遺言執行人をよそおっている。立身出世主義者は、思想の騎士として胸を叩き、偽造の専門家は、予審判事、検事、裁判官として振る舞う。

（二）

しかしそれにもかかわらず、《常識》を持った人はこう言うのだ。数百人の非難された普通の人々、そしてその大多数は強烈な性格と優秀な知性に恵まれた人々が、全人類の面前において、恐ろしい、嫌悪すべき犯罪で自分自身をむやみに起訴したということを信じることはむずかしい、と。

人生において、よくあるように、《常識》は大事なことを忘れてくだらぬことに気をつかう。もちろん何百の人々が、自分自身を弾劾するだろうと信ずることは容易ではない。しかし、同じ何百の人々が、自分たちの生活の利害や心理やその他万事につけ、矛盾する、恐るべき犯罪を行なうと信ずることは果たして、より容易であろうか。具体的な条件から出発して価値判断することが必要である。これらの人々は、すでに逮捕後、明日をも知れない身で、彼ら自身や、彼らの妻や母、夫や子供や友人たちがゲーペーウーの毒牙に陥ったときに、証言するであろう。それは、彼らに対して庇護や希望が少しもない時、彼らがどのような人間的感情をも表わすことのできない、精神的圧迫下に陥っている時である。とりわけ、彼ら自身が自分の罪に帰する、ありえそうもない悪業を、もし、彼らを信ずるならば、彼らは同時に行なってしまったのである。すなわち、彼らが全く自由であった時に、高い地位についていた時に、および思索、研究、選択の完全な可能性があった時にである。連発銃の銃口のもとで強制された全くのウソは、善意で行なわれた無分別な一連の犯罪よりも確かに自然であると論争することが果たして可能であろうか。我々は、どちらがよりありえそうなことか、とたずねてみよう。つまり、罵詈や、煙幕と小指のちょっとした動きによって、ソ連邦から切り離され権力と財力とを奪われた政治的追放者が、長期にわたって、大臣や将軍や外交官を実現不可能な不条理な目的の名において国家および自分自身を裏切るようにそそのかせるのか、あるいは、無制限の権力と無尽蔵の大衆を思いのままにする、すなわち恐怖および堕落のあらゆる手段を駆使するスターリンが、被告たちにスターリンの目的に応ずるような証言をするように強制するのか、と。

《常識》の近視眼的嫌疑を最終的に晴らすために、もう一つの問題が設定できる。つまり、最後の問題である。すなわち、中世の魔女が実際に地獄の力と結びつきをもっており、悪魔（《人民の敵》）とのサバトの後に村にコレラやペストや家畜の疫病死を広めるのか、それとも、不幸な婦人たちが、厳格な宗教裁判のもとで、簡単に自己を弾劾するのか、——どちらがよりありうることだろうか、と。問題を具体的にかく生き生きと設定するだけで、スターリン＝ヴィシンスキー体制が無に帰したということは明らかである。

（三）

被告たちの支離滅裂な自白の中には、かつてはほとんど気が付かずに見過ごしてしまったが、現在遠くからいくぶんかでも判断することができる限りでは、個々にとりあげられた中にさえ、モスクワ裁判の謎のみならず、スターリン体制全体を解明する鍵をも与えるであろうものがある。私は、もとクレムリン病院長のレーヴィン博士の証言をここでとりあげてみよう。この六八歳の老人は、裁判において、彼がメンジンスキー、ペシコフ（ゴーリキーの息子）、クイブイシェフおよび当のゴーリキーの死を故意に早めた、と明言した。レーヴィン教授は、秘密の《トロツキスト》としての自己については少しも語らず、誰も彼をそのことでは非難しなかった。ヴィシンスキー検事すらも、彼が、ヒトラーのために権力を掌握しようとしたとは考えていない。いな、レーヴィンは、当時ゲーペーウーの長官のヤゴーダの命令に従って、自分の患者を殺害した。ヤゴーダは、服従しない場合は、きびしい弾圧を加えると、彼を脅迫した。レーヴィンは自分の家族の《絶滅》をおそれた。弾劾の基礎となっている文字通りの証言はこのようなものであった。すべての《中央機関》によって、順番に従って行なわれたキーロフの殺害、ソ連邦の解体計画、反政府的列車の破壊、労働者の大量毒殺、これらすべては、レーヴィン老人の証言と比較すると、ほんのささいなことにすぎない。無数の悪事の張本人たちはあたかも権力欲や憎悪や利益や、要するに何か個人的目的のようなものに導かれたのだ。レーヴィンは、あらゆる犯罪の中で最も厭うべきもの、彼を信頼していた病人を裏切って殺害しておきながら、だがどのような個人的な動機ももっていなかった。反対に彼は、《ゴーリキーとその家族》を愛していた。彼は、自分自身の家族を守るために、恐怖から、ゴーリキー親子を殺害した。彼は、国の誇りであるこの年とった作家を毒殺することに同意する以外に自分の息子や娘を助ける方法を見つけることができなかった。これはどうしたことなんだろう。すべての憲法の中で《最も民主的》な憲法をもった《社会主義》国家において、政治的名誉心や陰謀を知らぬ老医師は、秘密警察の長官の前にでた時の恐怖感から、自分の患者の毒殺をしているのだ。犯罪を取り締まるための最高権力を委ねられているものが、犯罪の組織者なのだ。生命の擁護が天職とされる人間が殺している。恐怖感から殺している。

これらのことがすべて、真実だと、しばらくの間仮定してみよう。そのような場合、全体制に対して何を言うべきか。レーヴィンは偶然の人物ではない。彼は、レーニンを、スターリンを、そして政府の全構成員を治療した。私はこの善良な人物を良く知っていた。あらゆる他の医師におけると同様に、高官との親密でほとんど庇護的なまでの関係を彼は築いた。彼は《指導者たち》の脊柱がどのように見えるか、そして、その権力万能の腎臓がどのように機能しているか、を良く知っていた。レーヴィンは個々の高官に対して自由に接近することができた。彼は、ヤゴーダの流血の恐喝をスターリンやモロトフなどの政治局員および政府の構成員に語ることがはたして不可能であったろうか。出口はなかった。医師は、ゲーペーウーの無頼漢を暴露するかわりに、自分の家族を助けるためには自分の患者を毒殺せざるをえないと感じた。モスクワ裁判のパノラマの中に、スターリン体制下の最上層部、クレムリン、クレムリンともっとも親密な部分、政府構成員のための病院、が見出されるのである！　このような場合残りの国土において一体何が起こりつつあるのか。

《しかし、これらすべては、ウソではないか、レーヴィン博士は誰も毒殺しなかった。彼は、ゲーペーウーのモーゼル銃に強制されて、単にウソの証言をしたのだ》と、読者は叫ぶであろう。全くそのとおりだ、と私は答えよう。しかし、この体制の相貌は、ここからさらにますます悪化する。もし、医師が、警察署長の脅迫のために、実際に重罪を犯したとしても、残りの二つのことがらを忘れてしまい、病理学上の迫害妄想、老衰など、何でも好きな名をつけていうこともできる。しかし、そうでなくて、レーヴィンの証言は、スターリンによって示唆され、ヴィシンスキー検事と新しいゲーペーウーの長官のエジョフの協力によって、つくられた裁判計画の一部分を構成している。彼らは、この種の悪夢のような虚偽を捏造することを少しもおそれなかった。彼らは、そうした捏造が不可能とは考えなかった。反対に、可能な限りのあらゆるヴァリアントのなかから、彼らは諸条件、諸関係、諸法律に応じて最もありえそうなものを選び出したのだ。裁判の全参加者、すべてのソヴィエトの新聞記者、すべての権力の保持者らは、暗黙のうちに、ゲーペーウーの長官が、個々の人物が、自由でいて、高い地位についていて政治権力の保護を享受している時ですら、それぞれの犯罪をおかすように強いることが可能であることを、認めたのであった。しかしながら、情況がこのようなものであるとするなら、全能なゲーペーウーが、ルビヤンカ内監獄にいる個々の囚人たちに、彼らが決して、犯したことのない犯罪を《自発的》に認めさせることができるということに一瞬たりとも疑念をさしはさむことなどできようか。レーヴィン博士の証言――これは、すべての裁判に対する鍵である。この鍵は、すべてのクレムリンの秘密を明らかにすると同時に、全世界のスターリン裁判の弁護士たちの口を完全に封じてしまうことであろう。

これが十月革命の所産なのだ、などと我々に言わせるな！　このことはナイアガラに架かっていた橋が一月にこわれたのを見て、これは滝のためにおこったことだと言うこととほとんど同じである。十月革命は裁判における捏造をもたらしただけではなかった。それは、諸民族の偉大な家族の経済と文化に強烈な衝撃を与えた。しかし、それは同時に、より高い水準での社会的対立をもたらした。野蛮状態が残り、過去の遺物は新たな官僚による独裁の中に、より凝縮された表現を見出した。生きており、成長している社会との闘争において、思想も、名誉も、良心もないこの独裁は、際限もない犯罪と同時に、致命的な危機に到った。

現在の裁判の準備過程におけるエピソードとして、プレトニョフ医師をサディズムの罪で告発すること、ゴーリキーの息子の死因としてのヤゴーダの小説的な興味、ローゼンゴリツの妻の護符と特にレーヴィン博士の《自白》――これらすべてのエピソードは腐敗の匂いがする。この匂いは、帝政末期ラスプーチン事件から発したものと同じである。このようなガスを、排出することのできる支配階級は、運命が定まっている。現在の裁判は、スターリン独裁の悲劇的なひきつけである。やがては没落するこの体制は、世界の世論に依拠しているのと同じように、ソ連邦諸民族の意志に依拠しているため、ロシア民族が数世代かかって限りない犠牲の代価を支払って獲得した、すべての社会的成果を、この体制といえども、歴史の深淵の底に持ち去ってしまうことはできない。

コヨアカン　一九三八年三月一〇日

スターリンとヒトラー（ヴィシンスキーの最終論告に対して）

モスクワ裁判が、ヒトラーのオーストリア侵入を宣言するファンファーレの響きとともに終了した事実には、何か悲劇的なものがある。この併合は偶然ではない。もちろんベルリンは、クレムリンの権力者がこの国家保持の闘いにおいて、国民や軍隊の中に士気喪失を持ちこんだことを知っているはずである。スターリンは、日本がアムールのロシアの二つの島を占領した時に指一本動かさなかった。当時スターリンは、優秀な赤軍将軍たちの銃殺を準備していたのである。したがってヒトラーは、新しい裁判が行なわれている今、それだけにますます確信を持って、自分の軍隊をオーストリアに送ることができた。

モスクワ裁判の被告たちに対してどのような態度をとろうとも、また、ゲーペーウーの毒牙の中での彼らの行為をどのように評価しようとも、彼ら全員は、すなわちジノヴィエフ、カーメネフ、スミルノフ、ピャタコフ、ラデック、ルイコフ、ブハーリン、ラコフスキーなどは、自分たちの生涯のあらゆる足跡によって、ロシア人民およびその解放闘争への自分たちの私利をはからぬ忠誠さを証明した。スターリンは、彼らおよび無名だが決して彼らにおとらぬ忠誠な何千という労働者たちを銃殺したため、全体として国家の道徳的な抵抗力を弱め続けている。名誉心も良心もない猟官者たち――スターリンがますますたよりとしなければならない猟官者たちは、困難な時に国家を裏切るであろう。一方、反対に、官僚ではなく人民に奉仕しているいわゆる《トロツキスト》は、ソヴィエトが攻撃される時には、過去においてもそうであったように、戦闘の部署につくことであろう。

しかしながら、革命の年には白軍の陣営に潜伏し、ボリシェヴィキが最終的に勝利し、立身出世の可能性が開かれてからはじめてボリシェヴィキに加盟したヴィシンスキーにとっては、これらすべてのことはどうであったのか。ヴィシンスキーは一九人の首を、そしてまず第一にレーニンが何度か《党の人気者》と呼び、遺書では《党のすぐれた理論家》と呼んだブハーリンの首を必要とする。ブハーリンがまだ高官であったころ、コミンテルンの吏員はブハーリンの報告を、非常に熱狂的に拍手喝采したのだ！　しかし、クレムリンの支配者にとっては、彼をしりぞけることが必要であった。昨日のブハーリン主義者は、ヴィシンスキーの驚くべき偽証にうやうやしく屈服した。

告発者はヤゴーダの首を必要とした。あらゆる被告の中で、ヤゴーダ一人だけが、疑う余地のないきびしい懲罰をうけた。しかしそれは、何らかの告発されるべき犯罪のためではまったくなかった。ヴィシンスキーは、ヤゴーダとアメリカのギャングのアル・カポネとを比較して、つぎのように述べている。《しかし、我々はありがたいことにアメリカ合衆国にはいない》と。いかなる人民の敵も、これ以上に危険な比較を行なうことはできなかったであろう。アル・カポネは、アメリカ合衆国では警察の長官ではなかったのである。一方ヤゴーダはその間、十年以上もゲーペーウーの長官の地位におり、スターリンのもっとも身近な協力者であった。ヴィシンスキーの言葉によれば、ヤゴーダは〈危険な犯罪の組織者でかつ教唆者〉である。しかし、ジノヴィエフ＝カーメネフ裁判を含めて、反対者たちのあらゆる拘留、流刑、殺害は、モスクワのアル・カポネの指導によって行なわれたのではないか。いくらの弾圧を新たに再審議する必要はないのか。それとも秘密の《トロツキスト》ヤゴーダの行為は、《トロツキスト》を攻撃した時には、《危険な犯罪》ではなかったのか。このようなおびただしい矛盾と虚偽を十分に解明しうる可能性は全くない。

ヴィシンスキーはレーヴィンおよびクレムリンの他の医師たちの首を必要とする。彼らは、生命を延ばすかわりに、死を早めることを仕事としていたようである。しかしながら、もし審理を信ずれば、彼らは、政治的ないしは個人的意思のためではなく、当のヤゴーダに対する恐怖ゆえにこれらの犯罪を行なったのである。ゲーペーウーの長官、すなわちスターリンの執事は、医師たちに、もし、彼らが決められた患者たちを毒殺しなければ、その家族を殺すと脅迫した。そして、ヤゴーダの権力は極めて強力であったので、クレムリンの最高位の医師ですら、カポネを暴露する決心がつかず従順にヤゴーダの命令を遂行した。ヴィシンスキーの告訴は、このような《懺悔》に基づいている。したがって、カポネが、専制的にソ連邦を支配したことになる。実際今は彼の地位にエジョフがついているのだ。しかし、ヤゴーダよりましだという保証がどこにあるのだろうか。世論が窒息してしまい、コントロールが全くきかない全体主義的専制政治のもとでは、ただギャングの名前が変わるだけで、組織は残るのだ。

五時間半の演説をヴィシンスキーは行ない一九人の銃殺を要求した。一人につき一七分の割合だ。ラコフスキーおよびベッソノフに対して、寛大な検事は全部でたったの二五年の刑を求刑したにすぎない。このようにして、労働者の解放闘争の仕事に五〇年を捧げたラコフスキーは、生誕九〇周年記念までには、自分の偽りの犯罪を償うことが期待できるのである。

この恐怖の、しかも同時に道化じみた裁判をうける人々の唯一の喜び――それは世論の急激な変動である。世界の新聞の声は完全に一致している。どこでも、誰もが、もはや告発者を信じていない。誰もが、裁判の本当の意味を知っている。ソ連邦の人々は決してめくらやつんぼでない。偽造の組織者たちは自らを、人類全体から隔離した。現在の裁判はソ連邦における政治的危機の最終的痙攣の一つである。アル・カポネの独裁が、労働者と農民の自主管理に早く変われば変わるほど、内外のファシズムの脅威に対してより強固となるであろう。ソヴィエト民主主義の再生の時、ヒトラーとムッソリーニとフランコのための葬送の鐘が鳴り響くであろう！

コヨアカン　一九三八年三月一二日

III

粛清年表

〔凡例〕

* （政）政治局員を示す。
* （中）中央委員を示す。
* （候）それぞれ候補を示す。
* ＥＣＣＩ　コミンテルン執行委員会を示す。
* ◎死後名誉回復されたもの。なお、ソ連邦に関しては、三大粛清裁判関係の被告およびトロツキーを除いては、ほぼ名誉回復されたといわれる。
* 経歴もしくは地位は、必ずしも当時のものではなく、最高あるいは著名なものである。

年	ソ連邦	コミンテルン関係
一九二一年	●ウクライナ・エスエル本部裁判（死刑判決なし）。	
一九二二年	●モスクワ・エスエル本部裁判（死刑判決なし）。 ●二月　チェー・カー廃止され、ＯＧＰＵ（オーゲーペーウー）（国家保安部）が新設さる。	
一九二五年	●フルンゼ（中・軍事人民委員）不必要な手術の結果死亡。	
一九二七年	●十月　ソヴィエト連邦中央執行委員会の十月革命記念会議において死刑廃止（条件付）などについての宣言が発せられる。党中央委員会および中央統制委員会合同総会でトロツキー、ジノヴィエフ中央委員会より除名。 ●十二月　トロツキー、ジノヴィエフ、カーメネフら反対派指導者九八名が党より除名さる。	アドルフ・ヨッフェ（ロシア駐ドイツ大使）自殺。Ａ・シムスキー（ウクライナ共和国教育人民委員）以後消息不明。
一九二八年	●七月　シャフトゥイ事件（ドンバス地方のシャフトゥイ管区で五〇名のロシア人および三名のドイツ人炭鉱専門家がドネツ炭田における怠業、スパイ行為のかどで自白のみを証拠に有罪とされ、ベンベンコなどに死刑判決）。	
一九二九年	●一月　トロツキーら反対派一六〇〇名追放さる。 ●四月　第十六回党大会「断乎たる清党」の確認。「党員および候補の粛清と点検について」決議。第一次五カ年計画承認。農業の集団化。 ●六月　モスクワでソヴィエト機関の粛清運動が始まる。 ●ブリュームキン（元左翼エスエル党員でミルバッハ暗殺の実行者。オーゲーペーウー部員）トロツキーの手先として、党員反対派として初めて処刑さる。	
一九三〇年	●三月「ウクライナ解放同盟」員四五名起訴さる。 ●四月　マヤコフスキー自殺。 ●細菌学者グループが家畜疫病を企図したとして秘密裁判にかけられる。 ●リャザンツェフ教授ら四八名の高級官僚が食糧供給の怠業を問われて裁判なしで銃殺に処せらる。 ●十一月～十二月　産業党事件（ラムジン教授以下八名がスパイ、破壊行為に問われ秘密裁判に付さる。五名に死刑判決→減刑。クイブイシェフの国家計画委員会職員四八名銃殺）。	

年	ソ連邦	コミンテルン関係
一九三〇年	●勤労農民党事件（クラーク権力の樹立を企てたとしてコンドラチェフなど農業経済学者グループが裁判なしで粛清さる）。 ●十二月　シルツォフ（政候・ロシア共和国人民委員会議議長）とロミナーゼ（中）などが、経済政策、党・国家の権威主義に反対、スターリンの権限を制限せんとはかるが、事前に粉砕さる。	
一九三一年	●三月　第六回全連邦ソヴィエト大会開かる。 ●三月　メンシェヴィキ裁判（スハーノフ、グローマン、ヤクボヴィッチなど元メンシェヴィキ学者、経済専門家一四名が社会主義建設に対する妨害活動のかどで裁判に付さる。全員一〇～五年の禁固刑）。 ●科学アカデミー事件（プラトーノフ、タルレ、バフルーシン、リハチョフら歴史学者の秘密裁判）。	
一九三二年	●九月　リューチン事件（モスクワ党機関指導者リューチン（中候）、スレプコフらが、工業投資の縮小、集団農場の解散、さらにはスターリンを「個人的な権力への欲望と復讐心より革命を破滅の淵に立たせた悪魔」と非難した、いわゆる《リューチン綱領》を回覧。これに対してスターリンは（党員に対しても）死刑の適用を主張するが、政治局でキーロフ（オルジョニキーゼ、クイブイシェフ、コシオール、ルジュターク、カリーニンらも同調）の反対に遭い挫折する）。リューチンらは除名、流刑。この事件に関連してジノヴィエフ、カーメネフ、イヴァン・スミルノフ、スミルガ、ムラチコフスキーなど再逮捕され流刑。	
一九三三年	●一月　スミルノフ・グループ事件（A・P・スミルノフ（中・農業人民委員）、エイスモント、トルマシェフが、集団農場の解散、労働組合の独立、スターリンの排除を準備したとして摘発される）。彼らに対する死刑には、再びキーロフ、オルジョニキーゼ、クイブイシェフなどが反対。 ●党中央委員会および中央統制委員会の合同総会が「清党」の組織化を政治局に一任。三月、中央委員会は非常事態を宣する法を発令。四月、中央粛清委員会（エジョフ、シキリャトフなど）の設置。	マックス・ヘルツ（ドイツ一九二一年蜂起の英雄）水死と発表さる。フェリクス・ウォルフ（ドイツ共産党、赤軍諜報部）以後消息不明。

一九三三年	●四月　メトロ＝ヴィッカース社裁判（技師の怠業を組織したかどで、英国人六名を含む一八名の被告に対して量刑）。 ●六月　スクリープニク（中・ウクライナ共和国教育人民委員）自殺。 ●国営農場の指導者、官吏が、反革命破壊組織に加担していたとして裁判なしで三五名処刑、四〇名投獄さる。 ●農業人民委員部で、人民委員代理コナールなど三五名が裁判なしで処刑。 ●十一月　アメリカ合衆国と復交なる。 ●十二月　中央執行委員会モスクワにて開催さる（一九三四年一月まで）。	L・プルマン（ポーランド共産党指導者、ECCI候）自殺。J・ソハツキー（ポーランド共産党、ECCI幹委候）銃殺。ヴィトコフスキー（ポーランド共産党、プロフィンテルン指導者）以後消息不明。
一九三四年	●一月～二月　第十七回党大会（代議員一八二七名、中央委員七一名、同候補六八名が出席。前年十二月に終了した第一次五ヵ年計画を受けて「勝利者の大会」と称す。旧反対派ジノヴィエフ、カーメネフ、ブハーリン、ルイコフ、トムスキー、プレオブラジェンスキー、ピャタコフ、ラデック、ロミナーゼなど屈服の演説を許可さる）。 ●三月　英ソ協定発効す。 ●七月　オーゲーペーウー廃止され、NKVD（エヌカーヴェーデー）（内務人民委員部）が新設さる。新長官にヤゴーダ、同代理にアグラノフ。 ●八月　第一回全連邦ソヴィエト作家大会開催さる。 ●十二月　キーロフ（政・書記局員、レニングラード党委員会第一書記）暗殺事件。《キーロフ条例》（あらゆる政治的暗殺事件を、敏速に弁護人、被告なしの秘密軍事法廷で審理し、被告の即時処刑を認め、上告、減刑は認めず）制定さる。中央委員会「同志キーロフの邪悪な殺害に関する一連の諸事件の教訓」という秘密廻状を発し、党内旧反対派の摘発を指令。レニングラードでは三七名、モスクワでは三三名、キエフではウクライナの詩人フルツコを含む二八名がただちに逮捕され処刑。全国で数千人が逮捕さる。これに関連して、シリャプニコフ、メドヴェージェフ（労働者反対派）、サプローノフ（民主主義的中央集権派）、スミルガ（トロツキー反対派）なども逮捕、流刑となる。暗殺犯人ニコラーエフ、コトルイノフ（青年共産同盟中央委員）ら一四名が、キーロフ暗殺、スターリン暗殺未遂の罪で秘密裁判にかけられ処刑さる（レニングラード・テロリスト本部）。	R・V・ピケル（ロシア、ジノヴィエフの書記）逮捕→三六年銃殺。G・サファロフ（ロシア共産党中候、ECCI委）逮捕→四二年死亡。M・レヴィン（ドイツ共産党、ババリア・ソヴィエト指導者）以後消息不明。V・ヴィヨヴィッチ（ユーゴスラヴィア共産党、ECCI委）逮捕後不明。

年	ソ連邦	コミンテルン関係
一九三五年	●一月　第七回全連邦ソヴィエト大会開かる。 ●一月　第一次ジノヴィエフ＝カーメネフ裁判（キーロフ暗殺を実行したレニングラード・テロリスト本部に政治的影響を与えたとして一九名が裁かる）ジノヴィエフ一〇年、カーメネフ五年、エフドキモフ八年、バカーエフ八年といった量刑を宣告される。 ●一月　キーロフ暗殺を防止できなかったとして、レニングラードＮＫＶＤ職員（メドヴェージ、ザポロジェツ、バルツェヴィッチなど）一三名が逮捕され、いずれも二〜三年の軽い量刑を宣告されたが、三七年に全員銃殺。 ●一月　クイブイシェフ（政・国家計画委員会議長）不明の急死。 ●三月　トロツキー、ジノヴィエフ、カーメネフ（後にはプレオブラジェンスキーも含む）の全著作の図書館よりの放逐命令。 ●四月　『イズヴェスチヤ』に《未成年者間の犯罪と闘う措置》発表さる。十二歳以上に死刑が適用されることとなる。 ●五月　中央委員会「党内に潜む党と労働者階級の敵に対する特別調査」を指令した秘密廻状を発す。刃物の不法携帯禁止。 ●五月〜六月　党内反対派に対する死刑の適用に強硬に反対を唱えていたオールド・ボリシェヴィキ協会、政治徒刑囚・流刑囚協会が解散させられ多数のメンバーが逮捕さる。 ●七月　第七回コミンテルン大会開かる。 ●二月〜七月　粛清体制の確立（ミコヤン、チュバーリが政治局員に、ジダーノフ、エイヘが同候補に、エジョフが書記局員兼統制委員会議長に、フルシチョフがモスクワ党委員会第一書記に、ヴィシンスキーが検事総長に、マレンコフが中央委員会カードル局次長に就く）。 ●八月　スタハノフ運動始まる。 ●九月　共産青年インタナショナル世界大会開かる。 ●ロミナーゼ自殺。	Ａ・ハイタス（ギリシヤ共産党指導者）逮捕→銃殺。Ｋ・マンナー（フィンランド共産党、ＥＣＣＩ委）逮捕後不明。◎Ｌ・Ａ・シャツキン（ロシア青年共産同盟指導者、ＥＣＣＩ幹委）逮捕→三八年自殺。Ｊ・ベルガー（パレスチナ共産党書記長）逮捕→五六年釈放。Ｂ・フェルディ（トルコ共産党、ＥＣＣＩ委）以後消息不明。

一九三六年	●四月　ソ連共産青年同盟第十回大会開かる。 ●六月　マクシム・ゴーリキー病死。ソ連新憲法草案発表さる。 ●七月〜九月　D・シュミット（キエフ軍管区戦車師団司令官）、B・クズミチェフ（空軍参謀長）、I・ゴルベンコ、ユーリ・サブリン（師団司令官）、プンタらがヴォロシーロフ暗殺計画に問われて逮捕。 ●八月《トロツキスト＝ジノヴィエスト・テロリスト本部事件》（トロツキストとジノヴィエストが合同本部をつくり、スターリン、ヴォロシーロフ、キーロフなどの暗殺をトロツキーの指示に基づいて企てたとして告発さる）。ジノヴィエフ（政）、カーメネフ（政）、エフドキモフ（中）、バカーエフ（レニングラードNKVD長官）、I・N・スミルノフ（逓信人民委員）、テル＝ヴァガニアン（ジャーナリスト）、ドライツァー（トロツキーの護衛隊長）、ムラチコフスキー（トロツキー派活動家）、オリブルグ、ベルマン＝ユリン、フリッツ・ダヴィド（共にNKVD部員）、ラインゴールド（綿シンジケート議長）、ピッケル（作家）、ナタン・リュリエ（外科医）、モセイ・リュリエ（科学者）、ホルツマンの全被告が死刑となる。 ●八月　トムスキー（政）自殺。I・J・アゴル（生物学者）逮捕→銃殺。ハンドジヤン（アルメニア共和国第一書記）銃殺。グルゲン・マアリ（アルメニアの詩人）逮捕。 ●九月　ヤゴーダがNKVD長官を解任され、後任にエジョフが就任。 ●十一月　第十八回全連邦ソヴィエト大会で新憲法採択さる。ケメロウオ炭坑反革命陰謀事件判決で九名が銃殺。	◎H・キッペンベルガー（ドイツ共産党指導者）処刑。M・パウケル（ルーマニア共産党指導者）逮捕後不明。A・ドブロジェアヌ＝ゲレア（ルーマニア共産党指導者）逮捕→三七年銃殺？　H・サリー（トルコ共産党指導者）三六年〜三八年間に粛清。◎アヴィグドル（エジプト共産党指導者）逮捕→三八年死亡。
一九三七年	●一月《並行本部事件》（トロツキーの指令の下に、鉄道、化学工業などの破壊を通じて日本およびドイツ政府への領土割譲、独ソ戦に際しての敗戦主義を画策したとして告発さる）。ピャタコフ（中）、ソコリニコフ（政候）、ラデック（中）、セレブリヤコフ（中・書記）、ムラロフ（赤軍監察長官）、ドロブニス（ウクライナ党委員会書記）、リフシッツ（鉄道人民委員代理）、ボグスラフスキー、シェフトフ、ノルキン、ストロイロフ、アルノルド、クニアツェフ、ラタイチャク、ロギノフ、プリゴジン、ゴルベンコの一七被告のうち、ソコリニコフ（一〇年→三九年獄死）、ラデック（一〇年→三九年獄中で暗殺）、アルノルド（一〇年）、ストロイロフ（八年）を除く全員に死刑判決。	J・ハネツキー（ポーランド共産党、コミンテルン財政部）処刑。A・クラエフスキー（ポーランド共産党指導者）処刑。◎S・コロリコフスキー（ポーランド共産党指導者）銃殺。

年	ソ連邦	コミンテルン関係
一九三七年	●二月　オルジョニキーゼ（政・重工業人民委員）自殺。 ●二月〜三月　中央委員会総会（ポストゥイシェフが粛清の行きすぎを批判、ルジュターク、エイヘ、チュバーリ、ヤキール、ガマルニクらも同調したが、ジダーノフ、エジョフ、モロトフ、ヴォロシーロフ、ミコヤンら多数派に制せられ、スターリンは最終的に粛清に対してフリー・ハンドを持つ）。 ●三月　ヤゴーダ摩下のＮＫＶＤ局長・次長（モルチャーノフ、ゴルブ、ガイ、パウケル、ヴォロヴィッチ、ミロノフ、シャニン、リュリエなど）逮捕さる。チェルトークは自殺。三七年中に約三〇〇〇名のＮＫＶＤ部員が粛清さる。 ●五月　パシュカーニス（ソヴィエト法律研究所長兼司法人民委員代理）粛清。Ｖ・Ａ・デゴット（法務長官）逮捕→四四年死亡。検事の大量粛清。 ●〔レニングラード〕五月　チュドフ（中）逮捕→銃殺、コダツキー（市長）逮捕→三九年銃殺。Ｐ・Ａ・アレクセーエフ（中）逮捕→三九年銃殺。Ｐ・スモルディン（中侯）、ローゼンブルム逮捕。〔地方〕六月　エパネチニコフ（イヴァノヴォ党委員会書記）、ミハイロフ（イヴァノヴォ党委員会情宣部長）、ルミヤンツェフ（中・スモレンスク第一書記）、シウルマン（スモレンスク第二書記）、Ｉ・ミヤチン（アゼルバイジャン共和国繊維工業人民委員代理）、カバコフ（中・スヴェルドロフスク第一書記）、エフドキモフ（ロストフ委員会書記）逮捕。ムガロヴリシヴリ（グルジア共和国人民委員会議議長）粛清。カジャエフ（ウズベク共和国人民委員会議議長）粛清。チェルビヤコフ（白ロシア共和国中央執行委員会議長）自殺。ゴロデート（中侯・白ロシア共和国人民委員会議議長）銃殺。七月　ブドゥ＝ムジヴァーニ（グルジア共和国人民委員会議議長）銃殺。テル＝ガブリエリアン（アルメニア共和国人民委員会議議長）銃殺。スリモフ（ロシア共和国人民委員会議議長）粛清。クーチェフ（極東地方委員会書記）逮捕。シェレヘス（ウクライナ共和国政治局員）逮捕。八月　リュビチェンコ（中侯・ウクライナ共和国人民委員会議議長）自殺。ウクライナ共和国政府首脳一七名全員逮捕。九月　アマトゥーニ（アルメニア共和国第一書記）銃殺。	Ｓ・ペストコフスキー（ポーランド、ロシア駐メキシコ大使）粛清。◎Ｅ・プローチニク（ポーランド共産党、ＥＣＣＩ委）処刑。◎Ｓ・ラピンスキー（ポーランド共産党指導者）逮捕→処刑。Ｚ・レーデル（ポーランド共産党指導者）粛清。Ｗ・ウラノフスキー（ポーランド共産党指導者）以後消息不明。◎Ｈ・ワレツキー（ポーランド共産党、ＥＣＣＩ幹委候）逮捕→死亡。Ａ・ワルスキー＝ワルシャフスキー（ポーランド共産党指導者）銃殺。Ｓ・ボビンスキー（ポーランド、共産主義アカデミー教授）処刑。◎Ｗ・ボグツキー（ポーランド共産党、ＥＣＣＩ委候）逮捕粛清。Ｂ・ボルトノフスキー（ポーランド共産党、コミンテルン書記局）粛清。◎Ｈ・Ｇ・Ｌ・ブランド（ポーランド、コミンテルン副書記）逮捕→三九年死亡。

一九三七年

十月　ヴァレイキス（極東地方委員会第一書記）逮捕→三九年銃殺。十一月　ザトンスキー（中侯）逮捕→三八年銃殺。N・N・ポポフ（中侯・ウクライナ共和国第三書記）、ポライコ（ウクライナ共和国人民委員会議副議長）、K・V・スホムリン、ハタエーヴィッチ、クドリャフツェフ（キエフ党委員会書記）逮捕。この年に、ウズベキスタン、キルギス、カザフスタン、バシキリア、カレリア、タタール、グルジア、アルメニア、白ロシア各共和国政府および党首脳粛清。（中央政府）五月　ヤン・ルジュターク（政）逮捕→三八年銃殺。G・I・ロモフ（中・ソヴィエト人民委員会議統制委員）逮捕→三八年銃殺。ナザレチアン（中央規約改正委員）逮捕。六月　カミンスキー（中侯・保健人民委員）、アンチポフ（中・人民委員会議副議長）逮捕→四一年処刑。七月　アクローフ（中・中央執行委員会書記）逮捕→三九年処刑。Ya・A・ヤコヴレフ（中・中央委員会農業部長）逮捕→三九年銃殺。八月　ハレプスキー（逓信人民委員）、G・E・プロコフィエフ（逓信人民委員代理）逮捕。九月　リュビーモフ（中・軽工業人民委員）逮捕。十月　K・Y・バウマン（中・中央委員会科学部長）逮捕→銃殺。ルヒモヴィッチ（中・国防工業人民委員）逮捕→三九年銃殺。十二月　メジラウク（中・重工業人民委員）逮捕→三八年銃殺。カラハン（外務人民委員代理）処刑。エヌキーゼ（中・中央執行委員会書記）処刑。月不詳　ステツキー（中・中央委員会情宣部長）逮捕→銃殺。ウハーノフ（中・モスクワ・ソヴィエト議長）逮捕→三九年処刑。ヴェイツェル（国内貿易人民委員）逮捕。ブブノフ（中・教育人民委員）逮捕→四〇年銃殺。クルイレンコ（司法人民委員）逮捕→四〇年銃殺？　シリャプニコフ（中・労働人民委員）粛清。ヤンソン（水運人民委員）逮捕。ウンシュリフト（中侯・中央執行委員会書記）逮捕→三八年銃殺。オラヘラシヴィリ（中・MEL研究所副所長）処刑。プレオブラジェンスキー（経済学者）獄死。

S・ブラートマン（ポーランド、ロシア駐ラトヴィア大使）粛清。K・チコフスキー（ポーランド共産党、コミンテルン・スペイン担当）逮捕粛清。T・ドンバル（ポーランド共産党、クレスチンテルン副書記長）粛清。L・ドムスキー（ポーランド共産党指導者）処刑。F・グルツェゴルツェフスキー（ポーランド共産党、ECCI委）処刑。M・コペツキー（ロシア駐ポーランド大使、ECCI委）獄死。P・ミフ（ロシア、コミンテルン中国担当）逮捕後不明。J・モイロフ＝アブラーモフ（ロシア、コミンテルン連絡部長）逮捕。◎I・ピアトニツキー（ロシア、ECCI委・書記局員）逮捕→三九年処刑。G・スモリャンスキー（ロシア、コミンテルン中央ヨーロッパ書記局）粛清。

●十二月　NKVD創立二〇周年記念祭。

年	ソ連邦	コミンテルン関係
一九三七年	●四月　ゲッケル（赤軍外国連絡部長）、ガルカヴィ（ウラル軍管区軍団司令官）逮捕→七月銃殺。五月　ラピン（極東軍管区軍団司令官）逮捕→自殺。 ●六月《トゥハチェフスキー事件》（ソヴィエト国家に対する反逆陰謀をドイツの手先として企図したとして告発さる）。トゥハチェフスキー元帥（中侯・赤軍参謀総長、国防人民委員代理）、ヤキール将軍（中・ウクライナ軍管区司令官）、ウボレヴィッチ将軍（中候・白ロシア軍管区司令官）、コルク将軍（フルンゼ陸軍大学学長）、エイデマン将軍（ソヴィエト国防飛行科学協会会長）、フェルドマン将軍（赤軍行政・人事部長）、プリマコフ将軍（レニングラード軍管区司令官）、プトナ将軍（ロンドン駐在陸軍武官）の全員が秘密裁判の後に死刑。これに先立って五月には、ガマルニク将軍（中・赤軍政治本部長、国防人民委員代理）自殺。 ●五月　R・A・ムクレヴィッチ提督逮捕→三八年処刑。六月　サングルスキー（極東軍管区参謀長）逮捕。七月　モスクワ司令部付の二〇名の将軍処刑。クレムリン軍官学校付全部隊逮捕。ネローノフ（フルンゼ陸軍大学政治部長）をはじめ同大学教授陣、生徒の大量逮捕。ヴァツェチス（赤軍初代総司令官）逮捕→三八年銃殺。セルディッチ将軍（白ロシア軍管区軍団司令官）銃殺。九月　シチャデンコ将軍（キエフ地区軍司令官）銃殺。グリゴリエフ将軍（第七騎兵軍団司令官）逮捕。ボウジェツキー退役将軍逮捕。キエフでは六～七〇〇名の将校逮捕。秋　インガウスニス将軍（極東軍管区空軍司令官）など極東軍首脳逮捕。A・S・ブーリン（中侯、赤軍政治本部次長）、オセピヤン他赤軍政治本部員の大多数逮捕。イッポ（レニングラード軍・政治アカデミー校長）逮捕。陸軍政治委員一七名全員、軍団政治委員二八名中二五名逮捕。十月　クイブイシェフ将軍（コーカサス軍管区司令官）逮捕→三八年処刑。オルロフ提督（海軍総司令官）逮捕→三八年処刑。シヴコフ提督（バルト海艦隊司令官）逮捕。コジャノフ提督（黒海艦隊司令官）逮捕。十二月　アルクスニス将軍（空軍総司令官）逮捕→三八年銃殺。トドルスキー（空軍大学学長）逮捕。フリピン（アルクスニスの副官）逮捕。月不詳　ゴルバートフ将軍（第六騎兵軍団司令官）逮捕。ペテルソン（クレムリン衛戍司令官）粛清。S・P・ウリツキー（軍事諜報機関第四課長）銃殺。ベルジン将軍（スペイン共和国軍のかげの総司令官）銃殺。クレーベル将軍（スペイン国際旅団長）処刑。ゴレフ（スペイン国際旅団司令官）銃殺。	M・A・トリリッセル（ロシア、ECCI幹委）三七～三八年間に粛清。◎ベラ・クーン（ハンガリー共産党、ECCI幹委）逮捕→三九年銃殺または拷問死。L・マジャール（ハンガリー・ジャーナリスト、コミンテルン極東担当）処刑。J・ポガニイ（ハンガリー、アメリカ共産党の組織者）処刑。I・ビエルマン（ハンガリー共産党指導者）銃殺。H・ノイマン（ドイツ共産党、ECCI幹委）逮捕後不明。H・レンメレ（ドイツ共産党、ECCI委）逮捕→三九年処刑。O・ウンゲル（ドイツ共産党、共産主義青年インタナショナル指導者）以後消息不明。W・ブーディヒ（ドイツ共産党軍事指導者）逮捕→四一年獄死。H・エーベルライン（ドイツ共産党ECCI書記局員）逮捕→四四年獄死。

一九三七年

●三月～五月　ポクロフスキー学派（歴史学）の逮捕。三六～三七年にかけて、プリゴジン、カーレフ、ゼイデル、アニシェフ、ヴァナグ、ザクス＝グラドネフ、ピョントコフスキー、フリードランドら党員歴史学者の逮捕。コンスタンチン・シテッパ教授（古代史）ら逮捕。ヴァイスベルク、オブレモフ、シュビニコフ、ルーエマン、レイプンスキー、ゴーリキー、ランダウ、コマロフらハリコフ物理学研究所教授の逮捕。S・G・レヴィット（遺伝医学研究所長）、レヴィツキー、カルペチェンコ、コヴォロフら生物学者逮捕。ムラロフ（レーニン全露農芸科学アカデミー所長）逮捕。E・D・ポリヴァノフ（言語学者）逮捕→三八年処刑。N・M・チュライコフ（穀類研究所長）逮捕→三八年死亡。トゥポレフ（航空設計家）逮捕。

●五月　ボリース・ピリニャーク（ロシア作家同盟モスクワ支部長）逮捕→三八～三九年銃殺。パンタレイモン・ロマノーフ、タラソーフ・ロジオーノフ、アルチョム・ヴェショールイ、I・I・カターエフ、S・トレチャコフ、ユーリ・オレーシャ、オフタプ・ヴィシニアらの作家逮捕。ニコライ・クリューエフ（エセーニンの弟子）逮捕→シベリアで死亡。アヴェルバッハ、カーレフ、キルション（劇作家）逮捕→三八年銃殺。七月　パーヴェル・ヴァシリエフ（詩人）逮捕→処刑。十二月　ティチアン・タビーゼ（グルジアの詩人）処刑。月不詳　ヤシヴィリ（グルジアの詩人）自殺。ヤセンスキー（ポーランドの詩人）、ドミトリイ・ミルスキー（批評家）、ベネディクト・リフシーツ、ボリース・コルニーロフら逮捕。E・ミコラーゼ（指揮者）銃殺。シリン（俳優）、O・シチェルビンスカヤ（女優）、Z・スミルノーヴァ（女優）ら大衆芸術家逮捕。

L・フリーク（ドイツ共産党、国際統制委員会委員）逮捕→三九年獄死。M・ヘイモ（フィンランド共産党、コミンテルン規約委員会書記）処刑。◎G・ロヴィオ（フィンランド共産党指導者）逮捕→三八年銃殺。◎E・ギリング（フィンランド共産党、カレレア共和国人民委員会議議長）逮捕→四四年死亡。◎W・クノーリン（ラトヴィア共産党、ECCI委）逮捕→三九年銃殺。I・A・ベルジン（ラトヴィア、ロシア共産党中・ECCI書記局員）逮捕→四一年死亡。Z・A・アンガレイティス（リトアニア共産党、国際統制委員会委員）逮捕→四〇年銃殺。J・アンベルト（エストニア・ソヴィエト首相、国際統制委員会書記）逮捕→銃殺。E・フィリポヴィッチ（ルーマニア共産党指導者）処刑。

年	ソ連邦	コミンテルン関係
一九三七年	●六月　タイロフ（駐モンゴル大使）銃殺。夏　N・スミルノフ（NKVDフランス駐在員）処刑。イグナス・ライス（NKVDスイス駐在員）暗殺。	◎G・ヴィヨヴィッチ（ユーゴスラヴィア共産党指導者）逮捕後不明。M・ゴルキッチ（ユーゴスラヴィア共産党書記長、ECCI委候）処刑。K・バハヴァロフ（ブルガリア共産党指導者）処刑。F・コリッチョナー（オーストリア共産党、ECCI委）逮捕→ドイツで獄死。アンドレス・ニン（スペイン、プロフィンテルン書記、後にPOUM結成）逮捕→殺害。
一九三八年	●一月　メイエルホリド劇場の解散命令。 ●一月　中央委員会定期総会開催。党員の除名、復党に関する党機関の誤謬に関する決定を発表。 ●三月　《右翼＝トロツキスト・ブロック事件》（反ソ破壊活動、ゴーリキー、キーロフなどの暗殺、一九一八年のレーニン、スターリンなど暗殺未遂のかどで告発さる）。ブハーリン（政）、ルイコフ（政）、クレスチンスキー（政）、イヴァノフ（中・林業人民委員）、ゼレンスキー（中・消費協同組合議長）、ホジャーエフ（ウズベク共和国人民委員会議議長）、ブラノフ（NKVDヤゴーダ補佐）、ヤゴーダ（中・NKVD長官）、ラコフスキー（中・ウクライナ共和国人民委員会議議長）、チェルノーフ（中・農業人民委員）、シャランゴヴィチ（白ロシア共和国第一書記）、ローゼンゴリツ（中候・外国貿易人民委員）、グリンコ（中候・財務人民委員）、イクラモフ（中・ウズベク共和国第一書記）、クリュチコフ（ゴーリキー	◎K・ホルヴァティン（ユーゴスラヴィア共産党指導者）逮捕→処刑。◎A・マヴラク（ユーゴスラヴィア共産党指導者）逮捕後不明。◎K・ノヴァコヴィッチ（ユーゴスラヴィア共産党指導者）逮捕処刑。

一九三八年

の秘書）、ベッソノフ（駐ベルリン・ソヴィエト通商使節）、ズバレフ（農業人民委員部）、マクシモフ＝ヂコフスキー（クイヴィシェフの秘書）、カザコフ（医師）、レーヴィン（医師）、プレトニョフ（医師）の二一名の被告のうち、プレトニョフ（二五年）、ラコフスキー（二〇年）、ベッソノフ（一五年）を除く全被告に死刑判決。

●三月　レオン・セドフ（トロツキーの息子）フランスで変死。

●四月　ボンダレンコ（ウクライナ共和国人民委員会議議長）、マルチャーク（同人民委員会議副議長）、エフトゥシェンコ（キエフ委員会書記）、レプレフスキー（キエフNKVD政治委員）、ウスペンスキー（ウクライナNKVD第三書記）逮捕。ウクライナ共和国政府の中央執行委員八六名中八三名が粛清。ポストゥイシェフ（政）逮捕→四〇年銃殺。ミルゾヤン（中・カザフ共和国第一書記）銃殺。五月　ポゼルン（中侯）逮捕。

●五月～六月　党中央委員会が党各機関の改選指令を出す。グルジア、アルメニア、アゼルバイジャン、ウズベキスタン、トルクメン、タジク、キルギス、カザフスタン、ロシア、ウクライナ、白ロシア各共和国で最高ソヴィエトの選挙行わる。

●十一月　エイヘ（政）逮捕→四〇年銃殺。コシオール（政）逮捕→三九年銃殺。十月～十一月　ウガーロフ（中侯・モスクワ党委員会第一書記）、ストルーペ（中侯・モスクワ地方執行委員会議長）、A・N・ペトロフスキー（モスクワ地区委員会書記）逮捕。コサーリェフ（中・青年共産同盟書記長）逮捕→三九年銃殺。ピキナ（同書記）逮捕。I・S・ヴェイシリヤ（レニングラード青年共産同盟書記）逮捕。青年共産同盟中央委員の大多数粛清さる。

◎R・ヴィヨヴィッチ（ユーゴスラヴィア共産党指導者）逮捕後不明。V・チョピッチ（ユーゴスラヴィア共産党、スペイン・リンカーン大隊司令官）粛清。◎D・チヴィジッチ（ユーゴスラヴィア共産党書記長）粛清。◎S・チヴィジッチ（ユーゴスラヴィア共産党、国際旅団指導者）逮捕→獄死。N・オシンスキー（ロシア中、国家経済会議議長）処刑。D・B・リヤザノフ（ロシア、MEL研究所所長）逮捕→死亡。N・M・リュバルスキー（ロシア、コミンテルン・イタリア・ドイツ担当）強制収容所で死亡。A・スミルノフ（ロシア中、クレスチンテルン創設者）処刑。T・アクセリロード（ロシア、コミンテルン日刊ブレテン編集）死亡？

年	ソ連邦	コミンテルン関係
一九三八年	●一月　ベーロフ将軍（白ロシア軍管区司令官）逮捕→七月銃殺。二月　エゴロフ元帥（中候）逮捕→四一年処刑？　四月　ドゥイベンコ将軍（レニングラード軍管区司令官）逮捕→七月銃殺。六月　プムプル将軍（極東軍管区参謀長）逮捕→四一年銃殺。レヴァドフスキー（極東軍管区軍団司令官）粛清。カシーリン銃殺。七月　ドゥボヴォイ将軍（ハリコフ軍管区司令官）銃殺。ヴェリカノフ（バイカル軍管区司令官）銃殺。グルィジノフ（中央アジア軍管区軍団司令官）銃殺。A・A・スヴェーチン（フルンゼ陸軍大学）銃殺。八月　オゾーリン（ハリコフ軍管区政治委員）、ヴィクトロフ提督（太平洋艦隊司令官）処刑。フェジコ将軍（軍事人民委員代理）逮捕→三九年処刑？十月　ブリッヘル元帥（中候）逮捕→十一月獄死。十二月　アントーノフ＝オフセーエンコ（十月革命時の冬宮攻撃指揮官、赤軍政治部長）処刑？ ●リュシコフ（NKVD極東部長）満州経由で亡命。ミハイル・ゴルブ（NKVDベルリン駐在員）銃殺。オストロフスキー（駐ブカレスト公使）逮捕。 ●十二月　エジョフNKVD長官を解任され、ベリヤ後任となる。 ●G・M・マイスター（レーニン全露農芸科学アカデミー所長）逮捕。コペルシンスキー教授、カミンスキー（キエフ科学アカデミー）ら逮捕。キエフ大学では、七代の総長の内六名までが逮捕。言語学のN・マール学派の逮捕。三月　ニコライ・ザボロツキー（詩人）逮捕。五月　イサーク・バーベリ（作家）逮捕→四一年死亡。マンデリシュターム（詩人）逮捕→十二月狂死？　十二月　ミハイル・コリツォフ（作家）逮捕。〔三四年の第一回全連邦作家大会に参加した約七〇〇名の中、五四年の第二回作家大会に生き残ったのは五〇名ほどといわれる〕。	M・フルムキナ（ロシア、コミンテルン・ユダヤ問題担当）処刑。E・ハアパライネン（フィンランド共産党指導者）粛清。K・カバクチェフ（ブルガリア共産党、MEL研究所員）逮捕→死亡。J・クルミンス（ラトヴィア共産党、ECCI委）銃殺。◎F・プラッテン（スイス共産党指導者）逮捕→獄死。H・ポーゲルマン（エストニア共産党、ECCI委候）銃殺。H・シュベルト（ドイツ共産党指導者）粛清。スルタン＝ザーデ（イラン共産党、ECCI委）獄死。
一九三九年	●一月　第三次五ヶ年計画案発表。	◎S・マルコヴィッチ（ユーゴスラヴィア共産党、ECCI委）逮捕後不明。

一九三九年	●二月　党規約改正案発表。レーニン未亡人クルプスカヤ死す。	P・ミレチッチ（ユーゴスラヴィア共産党指導者）逮捕後不明。R・M・ヒターロフ（ロシア、青年共産同盟コミンテルン代表）粛清？◎F・F・ラスコリニコフ（ロシア、駐ブルガリア大使、ECCI委候）帰国命令拒否後死亡。V・T・チェモダーノフ（ロシア、ECCI幹委）粛清。W・コストルツェーワ（ポーランド共産党指導者）獄死または銃殺。J・レンスキー（ポーランド共産党、ECCI幹委）粛清。
	●二月　エジョフ（中・NKVD長官）粛清、続いてフリノフスキー、ウスペンスキー、レーデンスらNKVD高官処刑。三月　チュバーリ（政）逮捕→四一年銃殺？	
	●三月　ソ連政府、ドイツのチェコ併合に抗議。	
	●三月　第十八回党大会（三四年の第十七回党大会に出席した一般代議員一八二七名中三九名のみが、また中央委員七一名中一六名のみが、中央委員候補六八名中八名のみが、この党大会に出席できたにすぎない）。	
	●五月　ノモンハン事件勃発する。	
	●六月　メイエルホリド（演出家・劇作家）逮捕→四〇年銃殺？　ジナイーダ・ライク（女優、メイエルホリドの妻）逮捕→殺害。クラトコ（彫刻家）粛清。V・G・ソーリン（赤色教授アカデミー）逮捕→四四年獄死。	
	●七月　ラスコリニコフ（駐ブルガリア大使）銃殺。	
	●八月　独ソ不可侵条約調印。九月　赤軍、ポーランド進駐。	
一九四〇年	●ドゥシェノーフ提督（北海艦隊司令官）粛清。（軍隊の粛清は、元帥五名中三名、陸軍司令官（一等、二等）一六名中一四名、海軍提督（一等、二等）八名全員、軍団司令官六七名中六〇名、師団司令官一九九名中一三六名、旅団司令官三九七名中二二一名、国防人民委員代理一一名全員、最高軍事ソヴィエト・メンバー八〇名中七五名、将校団約三万五〇〇〇名といわれる）。	I・テオドロヴィッチ（ポーランド、クレスチンテルン書記長）粛清？　D・ボカーニ（ハンガリー共産党指導者）獄死。
	●N・I・ヴァヴィローフ（遺伝学者）逮捕→四三年死亡。	
	●八月　レオン・トロツキー、メキシコのコヨアカンにてNKVDに暗殺さる。	

年	ソ連邦	コミンテルン関係
一九四一年	●六月　独ソ開戦。 ●八月　マリナ・ツヴェターエヴァ（作家・詩人）自殺。	◎ハイダール（パレスチナ共産党指導者）獄死。I・モンドク（チェコスロヴァキア共産党）逮捕↓獄死。M・ブロンスキー（ポーランド、ロシア外国貿易人民委員）獄死。

★本年表は、あくまで不完全な一個の参考資料以上のものではない。各々の名前の背後に、両親・兄弟・家族・同僚・部下・友人知己といった無数の人びとの生が塗り込められている。

★主要参照文献は、Conquest, R. The Great Terror, in Pelican Books, 1971. Katokov, G. The Trial of Bukharin, London, 1969. Lazitch, B. Biographical Dictionary of the Comintern, Hoover Institution Press, 1972. 菊地昌典『歴史としてのスターリン時代』（盛田書店、一九六六年）、ワルター・クリヴィツキー『スターリン時代』（みすず書房、一九六九年）、レナート・ミエーリ『トリアッティの証言』（孔文堂、一九六五年）、ソ連問題研究会編『年表ソ連革命四十一年史』、V・セルジュ『スターリンの肖像』（新人物往来社、一九七〇年）、V・セルジュ『母なるロシアを追われて』（現代思潮社、一九七〇年）、I・ドイッチャー『追放された預言者　トロツキー』（新潮社、一九六四年）、同著『スターリンI・II』（みすず書房、一九六三年）、ダニエルズ『ロシア共産党党内闘争史』（現代思潮社、一九六七年）、デグラス編『コミンテルン・ドキュメントI・II』（現代思潮社、一九六九年、一九七〇年）などである。（編集部）

Ⅳ

我々は粛清裁判記録をどう読みとるべきか

菊地昌典　鈴木英夫　編集部

編集部　現在、鹿砦社で『ブハーリン裁判』という企画を進行させているのですが、これは、第一次モスクワ粛清裁判（ジノヴィエフ、カーメネフなどのいわゆる「トロツキスト＝ジノヴィエヴィスト・テロリスト本部裁判」）、第二次モスクワ粛清裁判（ピャタコフ、ソコリニコフなどのいわゆる「並行本部裁判」）に続く第三次モスクワ粛清裁判を被告の一人ブハーリンに的を絞って再構成したものです。

私たちが、あえてこうしたほぼ三五年前の記録にこだわるのは、一つには、すでに風化の兆しを見せはじめたスターリン批判においても、もっとも生々しい、いわば生身の人間の生活をかかえ込んだ地点からの、粛清というものに対する批判の深化がほとんどなされていない、否むしろ、そうしたものを例外として処理してゆくか、忌むべきものとして情緒的に流してしまう傾向が定着しつつあると考えるからです。二つには、前述したことどもが、こんにち、例えば、「プラハの春」以降のチェコとかソ連とか、一連の赤軍派の事件などに対応する私たちの側の混乱として端的に示されるように、きわめて現在的課題であるにもかかわらず、どこに手掛かりを見出すのか、ということすらはっきりしてないのじゃないか、と考えたからです。この問題は、きわめて執拗に何度も何度も繰り返し提起し、提起されねばならないと思うのです。

そこで、一九六六年に『歴史としてのスターリン時代』（盛田書店刊、一九七二年『増補版』筑摩書房刊）を著され、その後も執拗に、粛清問題にとりくんでおられる菊地昌典氏を中心に『ブハーリン裁判』の翻訳にあたられた鈴木英夫氏、それに編集部とで、問題の所在を明らかにし、粛清の論理を断ちきる一点はどこにあるかについて考えてみたいと思います。具体的な問題点については、それぞれに出していきたいと思いますが、粛清と現代についてまず菊地さんからお願いいします。

菊地　一九七〇年代に『ブハーリン裁判』という粛清に関する本が出版される意味とは一体何なのか、ということを私なりに整理してみると、それは《現代の問題》ということです。すなわち、一つは、ソヴィエト政権が五〇年の歴史を経たわけですが、その過程の中で生じた三〇年代のスターリンの大粛清というものが、基本的には解決されたとは私は考えていない。一九五六年の二〇回党大会でのフルシチョフ秘密報告およびそれの内容にこめられたスターリン批判は、大粛清の原因を根底から解明したものでは全くなく、逆にスターリンの個人的資質に責任をなすりつけるということによって、粛清の根本原因を回避してしまった。すでに歴史的には三つの公開裁判と一つの秘密裁判は——その中にはブハーリン裁判も入っているのです——「見世物《ショー》裁判」であるということははっきりしてしまっているし、それは何も現代にはっきりしたということではなく、それと並行して行なわれた、デューイを中心とする「反裁判」では全員無罪を確定しているわけです。また『ブハーリン裁判』を読めば分かることですが、ヴィシンスキーの追及の仕方は、物的証拠がなく全くの自白によっているわけです。「見世物裁判」自体が真実か否かという点についてはすでに決着がついているわけですが、問題なのは、こういう「見世物裁判」が三〇年代に公開の形で行なわれて、それで有罪という形で銃殺またはラーゲリ入りという形で政治舞台から抹殺されていった人びとに革命に直接タッチしたボリシェヴィキが圧倒的に多かったということが重大な問題なわけです。ロシア革命以前から革命を経て困難な内戦期を耐えぬいてきたボリシェヴィキが三〇年代になってこともあろうに《人民の敵》として抹殺されていったという事実は、社会主義建設過程における不可避的プロセスなのか、プロレタリア独裁における一つの誤った傾向、路線を代表するものなのか、あるいはフルシチョフの言うようなスターリンの個人的資質が原因なのか、それをはっきりさせないことには、社会主義に簡単に賛成できないことになる。千差万別の意見があるというのは社会主義の中でも当然なことなのだけれど、その千差万別の意見の中で、一つの政党が確立されると他の意見が異端として裁断されるということが不可避であるとすると、逆説的な言いかたになるけれども、不可避さというものを破壊しなければ、社会主義の展開ということは考えられない。アンナ・ルイス・ストロングは、この時代を「狂気の時代」というのですが、「狂気の時代」というのは情緒的な定義であって、「気狂い」であったのはどちらかといえば、粛清の対象とされた人びともある意味では狂気の精神情況にあったとしか思えないような内容をもっているのが粛清裁判だと思います。二〇回党大会でのスターリン批判が、そうした性格をもっていたがために、ヤキールとか粛清されたわけではないが最後のユダヤ人外務官僚リトヴィノフの孫、粛清の当時者ソルジェニーツィン、あるいは少なくとも粛清に親類縁者が関与した子弟を含めた反体制運動が現在続いているということは、粛清の根本的原因の除去、粛清に対する責任のとり方が何も解決していないということの直接的証明である、だから、僕なら僕自身が、ソヴィエト社会における反体制運動に注目し共感を覚えるということは当然なわけです。

ブハーリンを中心にして供述を集めたということは、これはある意味では、ブハーリンが他の被告に較べて大物であったということで、これは誰をとっても同じで、裁判の論理展開は同じ形をとっていると思うのです。

編集部　そこで、「粛清」という言葉の内包するものを確定してゆくことが必要になるわけですが、これは、一九三四年十二月の「キーロフ暗殺事件」を境に大きく変質していくのではないか。大雑把にまとめてみると、一九二八年に「シャフトゥイ事件」という炭抗技師のサボタージュがあり、被告が自白だけで有罪とされる。それから二九年には、元左翼エス・エルでミルバッハを暗殺し、その後ボリシェヴィキとなったオーゲーペーウー高官のブリュームキンが、トロツキーと接触したかどで、党員反対派としては、はじめて処刑されています。三〇年に入ると、「産業党事件」とか「勤労農民党事件」とかで秘密裁判が始まってくる。そうした諸事件にみられる政策の破綻を背景にして、一方では、党中央委員会、あるいは政治局にも一連の動きが出てくるわけですね。一九三〇年には「シルツォフ＝ロミナーゼ事件」が起こり、党内から経済政策なりスターリンの権限なりに対する反対が出てくる、これは事前に粉砕されるのですが、三二年になると、モスクワの指導者で、中央委員候補のリューチンなどが、農業集団化反対、さらにスターリンを「個人的な権力への欲望と復讐心より革命を破滅の淵に立たせた悪魔」といったような表現で非難したいわゆる《リューチン綱領》を回覧するという事件が起こる。さらに三三年には中央委員で農業人民委員の経歴をもつスミルノフなどが同様に、集団農場の解散、スターリンの排除を準備したとして摘発されるわけです。これに対して、スターリンが、政治局で党員に対しても死刑を適用すべきだと主張するのですが、死刑反対派の中心となったのが、キーロフであり、クイブイシェフあるいはオルジョニキーゼ、コシオール、ルジュタークなどであった。こうした人びとは、後に粛清ないしは変死をとげることになりますが、これらをふまえて「キーロフ暗殺事件」を観ると、さらに事件後異常に敏速に発令された《キーロフ条例》――あらゆる政治的暗殺事件を被告・弁護人なしの秘密軍事法廷で処理し、即刻処刑、上告、減刑は認めずというもの――も併せて考えると、かなり明確になると思うのです。ここのところをはっきりさせてないと、後半の粛清裁判から一気にさかのぼって十月革命あるいは、それに続くプロレタリア独裁まで一緒くたにして否定してしまうことになってしまうのではないか、と恐れるのです。

菊地　今言われた一連の裁判の流れの中で基本的に重要なのは、一九二七年から二八年にかけてトロツキーがアルマ・アタへ追放され、つづいて国外追放という形になった後の事件です。それ以後一九三四年の末のキーロフ暗殺事件に到るまでの過程は、一つには、かつてのトロツキスト、しかもそれは明白なトロツキー支持、トロツキー正系の余震があった。ブリュームキンの場合は、ボリシェヴィキ内部の左翼エス・エル的な動きが最後のとどめを刺されたともいえるでしょう。もう一つは、経済建設のサボタージュという形で処理されていった、という面があった。「産業党事件」などがそうです。事実被告はサボタージュを自白して、刑に服したあと経済建設に参加しているわけです。トロツキーを追放した二八年から三四年までの時期は、まずなによりも農業集団化の時代であり、非常に緊張した関係が農村で発生している。これはスターリンのいわゆる右から左への大転換といった上層部での、リーダーたちの間の動揺とともにそれを反映しての下部農民間の対立、動揺が都市へはね返ってきているという不安定な時代を反映して、さまざまなサボタージュ事件とか反権力の動きがとり上げられていったということであると思います。しかし、三四年にそれは一つの山をこえたといえると思う。三四年一月に開かれた第十七回党大会で、これは社会主義が最終的に勝利したという完結体をもった大会であった。二八年から三四年までの一連の事件は、結果として、社会主義が勝利したという結果へもっていくための前史であったととらえるべきだと思うのです。この時期での粛清は、三四年以降の粛清とは全く性格が異なるものであるし、「清党」というものとも違うわけです。「清党」というのはレーニン時代からあるわけですが、権力をボリシェヴィキが握ってから、卑俗な言葉で言えば、党員であるということが立身出世の近道になるという考えが普遍化し、したがってどこの国でもそうですがべらぼうに入党者が多くなるわけです。入党者の中には純粋に革命を考えている者もいるわけですが、全く立身出世の手段として考えている者もいる。そこで「清党」があって、再審査、党員証の再交付をするわけです。その過程でおかしな者には再交付しないという形で除名していくわけです。ですから二八年以降の諸事件というものを、三四年のキーロフ事件以降の諸事件と繋げるというのには僕は賛成できない。三四年以降は、社会主義が勝利した段階での粛清だった。これは重大なメルクマールであると思います。三四年十二月のキーロフ事件は、二〇回党大会と二二回党大会でフルシチョフはスターリンがやったらしいことを臭わしているが、事実は誰がやったか分かってはいない。事件の関係者は不可解な不慮の死を遂げているわけです。キーロフを暗殺した男（ニコラーエフ）は党員であったし、レニングラード党機関の建物の中でピストルでキーロフを暗殺したということははっきりしているが、何故警戒厳重な党機関の中にピストルを持って入りこめたのか、キーロフのボディー・ガードはその時何故その場を離れていたのか、暗殺後にボディー・ガードその他を訊問のために車で連れて行く過程でその車が衝突し証言者が全員死ぬということが起こったり、いろいろおかしなことがあるわけです。しかし、裏を操ったのはスターリンだとは必ずしもまだ言い切れない。ただ重大なことは、キーロフ暗殺後に迅速に「キーロフ条例」がつくられている。と同時に、これまた重要なことですが、オールド・ボリシェヴィキの諸組織が潰されている。例えば、オールド・ボリシェヴィキ協会が潰され、「シベリアと流刑」という雑誌を出していた革命時のボリシェヴィキの親睦団体（政治徒刑囚・流刑囚協会）も解散させられている。また、この事件がレニングラードで起こったということでレニングラード在住のユダヤ人、旧ツァーリ軍の軍人および旧貴族が追放されたというような象徴的な事件が、これに続いているわけです。

編集部　お話しにあったオールド・ボリシェヴィキ協会などが党内反対派の死刑に公然と反対していたというような事実はあるのですか。

菊地　それは大いにありえたでしょうね。それにオールド・ボリシェヴィキの側からすれば、スターリンは革命の新参者であって、いわば成り上がり者、新しい権力者という意識でしかとらえられなかったでしょうし、革命前のボリシェヴィキとメンシェヴィキ、ボリシェヴィキとエス・エルの関係の細かいことについて知悉している連中がいるわけですから、ボリシェヴィキの一党独裁ということに、必ずしも全幅の信頼を与えていたとは限らない。しかし、革命前のキャリアからいえば、すでに現役の第一線に立つ年令を過ぎている層がまだいて、それがボリシェヴィキの歴史のスターリン的歪曲に対する強力な批判グループを形成していたという事実はあるでしょう。スターリンがトロツキーを追放したということは、スターリンの党史における歪曲を可能ならしめた。しかし、それ以上にスターリンの個人的な独裁を確立するためには、このオールド・ボリシェヴィキの存在はプラスにはならなかったでしょう。キーロフ事件をスターリンがやったかどうかという詮索は別にして、この事件がもたらした波紋は非常に大きいといえます。この事件がその後の粛清を準備したという点については異論がない。

鈴木　一九三四年七月にOGPU《オーゲーペーウー》が廃止されて、NKVD《エヌカーヴェーデー》ができて、長官にヤゴーダが就任する。そして十二月のキーロフ事件となっていくわけです。粛清＝死刑ということもこの辺を契機にしているように思われるのですが……《死刑》ということは粛清のなかでどういう意味を持っているのでしょうか……。

菊地　《粛清》という言葉を使用する場合、厳密に区別する必要があると思います。粛清というのは、肉体的抹殺というふうに僕はとります。чистка（チーストカ）という言葉は清党というふうにとる場合もあるが、それは主として三四年以前の使い方であって、三四年以降は、肉体的抹殺であって、死刑ももちろんですが、シベリア流刑という一切の政治的諸権利を剥奪、強制的監禁ということも私に言わせれば、粛清に入るわけです。この粛清の結果として、シベリアで死んだり、あるいは獄死するということは文句なく粛清です。もう一つ三四年以降の粛清の重大な特長は、決して個人の処分だけに終わっていない。それは家族、親類縁者を含めた拡大された人身弾圧を伴ってきている。もう一つは公開裁判、逮捕状執行の場合、法的手続をふまないで弾圧を行なっているという点です。三四年以降は国家権力によって人権無視が公然と容認された時代と考えるべきです。三四年以前の諸事件は所定の手続を経てやっていますし、諸々の事件の判決書もでています。産業党事件などもそうです。現在反体制運動を行なっている歴史家のヤキールも幼時期に父親（トゥハチェフスキー事件に連座して処刑されたヤキール将軍）が殺されて自分も鑑別所に入れられた経験をもっているらしい。またトゥハチェフスキーの場合は悲劇的です。小さな娘まで生き別れです。

編集部　『歴史としてのスターリン時代』に書かれていたと思いますが、三五年四月の「未成年者間の犯罪と闘う措置」というのがあって十二歳以上の子供に死刑を適用する。これでもって被告に家族への迫害をにおわせ、心理的重圧をかける。こうした類いのことが頻繁に起こるわけですね。

菊地　東欧圏の粛清裁判はスターリン死後も続いているわけですが、全く同じパターンです。スランスキー事件の場合、その内容がドプチェク登場という「プラハの春」の中で明らかにされてきた。この事件で多数の人びとが粛清されたのですが、生き残った人びとが一時期自由に発言できる時期があって、スランスカ（スランスキーの妻）が弾圧の記録を出しました。やはり家族をダシにして自白を迫るわけです。それも芸がさらに細かくなって、スランスキーに面会させる際に、妻に強制的に太陽灯をあてて色を黒くやけさせて、美しい着物を着せ、獄中のスランスキーにあわせ、亭主がいなくても妻は平気で遊び回っているという印象を与えることによって自白を迫るわけです。人間の精神構造の弱点を逆手にとったあらゆる手段がスターリン時代から東欧に引き継がれて、粛清が行われていると思います。ブハーリン裁判でもそれが虚構だというのにとどまらず、彼の美人の奥さんはどうなったのか、家族、親類はどうなったのかというところまで関心を拡げていかなくてはいけないのではないか。幸いヤキールのような歴史家がでてきて、自分の幼時の体験を現代に復元しながらソヴィエト体制を批判するというようなことがあるから若干推測できるが、粛清された人びとの遺族はどうなっているのかという点になると、トゥハチェフスキーの場合のように奥さんまでラーゲリで死んでいるという例もあるし、子供だって転々として世を渡るということだってあるわけです。日本に長い間来て京都大学などで大正から昭和はじめにかけてロシア語を教えていた西夏語・日本民俗学者のニコライ・ネフスキー教授の場合もそうです。妻は日本人（万谷磯子、琵琶の師匠）

ですが、ネフスキーも、妻も獄死している。その一人娘は同じ日本学者のコンラッド教授が養育して医者になっています。それも、ネフスキーが殺されてコンラッドが生きのびたかという点になると、僕なんかには想像できないものがあると思うのです。なにか、やりきれないものがあるわけですよ。

編集部　第十七回党大会で、旧反対派のジノヴィエフ、カーメネフ、ブハーリン、ルイコフ、トムスキー、プレオブラジェンスキー、ピャタコフ、ラデック、ロミナーゼなどが、スターリン体制に屈服するという演説を許されたわけですが、この大会も一つの転換を象徴しているように見えますね。

菊地　第十七回党大会では、それまでスターリンの一国社会主義に反対してきた人びとが初めて発言を許されるわけですが、ここでブハーリンは、「スターリン同志こそマルクス・レーニン主義の弁証法を運用して、私の右翼的傾向の理論的前提を粉砕してくれた」といってスターリンを礼賛しています。ルイコフ、ジノヴィエフ、プレオブラジェンスキー、トムスキーも同様にスターリンを礼賛するわけです。この記録の中で、クルプスカヤがこの段階ではっきりスターリンに屈服し、一月二七日には「社会主義への巨大な前進とは、ひとりレーニンの後継者、スターリン同志に負うところである」と言っています。これをうけてスターリンは、この大会で、もはやトロツキストはいない、と発言しています。国外でうろついているだけで、右翼的な偏向者に対しては、党に対して犯した誤りを償えば良い、と言っていますし、民族主義的偏向者に対しては、干渉をたくらむ亡命者と結合するかあるいは懺悔してしまうかしているのでもはや実害はない、と言っています。言葉通りの「勝利者の大会」となっているわけです。その勝利というのは二つの意味があって、一国社会主義の建設に決定的に勝利した、と同時に、右翼的であれ左翼的であれ、かつての反スターリン派がスターリンの功績を認めた、という意味で文字通りの「勝利者の大会」であったわけです。ところが、この「勝利者の大会」の年の暮れにキーロフ事件が起こり、その後に今述べた三大粛清裁判が行なわれていくわけです。ジノヴィエフらがその後粛清裁判に引き出されるというのは理論的には非常におかしいわけで、三四年の段階で、党大会の席上で公然と屈服しているわけですから、それを再逮捕し、裁判に引きずり出すためには理屈がなくてはならないわけで、その理屈とはトロツキーとの繋がりであったわけです。スターリンの粛清理論で最も重要なのは、一九三七年三月三日の中央委員会総会でのスターリンの報告だと思います。これは階級闘争激化理論といわれるものですが、しかしこれは間違いで、理論的展開をしているのではなく、ロジックからいえば支離滅裂な階級闘争論とでもいうべきものだと思います。しかし一つ理論的帰結として抽出できるものがあるとすれば、粛清というものが成功の見通しをもつという考え方を出しているという点です。肉体的な抹殺をもって、トロツキスト＝人民の敵を抹殺しうるということです。三七年以前の諸裁判を行なうプロセスの中で、彼らはもはや階級敵ではないという考え方を出すわけです。階級敵ならば、階級をバックにしている、しかし三四年に階級はないと言っているし、また三六年十二月のスターリン憲法でも無階級社会ができたことを宣言しているわけで、階級敵というのは理論的におかしいわけです。ですから階級敵という考え方でなくて、ソヴィエトの中に浮遊しているごく少数の「人民の敵」となり、したがって抹殺も可能となるわけです。階級敵ということであれば階級闘争が前提であり、階級闘争の結果、一時的には階級抑圧が必要となって長期的な粛清のプランも出るわけですが、スターリンの階級闘争激化論の場合は、階級はないという前提に立ったものだからこそ、肉体的抹殺という短期的絶滅方向をとった、と僕は考えるのです。この三七年三月三日にそれを出した段階がスターリンに対するボリシェヴィキ内部の最後の抵抗が展開された時期だと思うのです。この中央委員会速記録は残念ながら入手できないのですが、わずかにフルシチョフが秘密報告の中でこれに触れて、ポストゥイシェフらが最後の抵抗をしたことが報告されていると思うのです。その場合でも、自分の身の回りの親密な人間が人民の敵としてどんどん処刑されていく中ではじめてスターリンの粛清理論がおかしいのではないか、という疑問が出てきたのであって、それまで個人的な関係をもっていない人びとが粛清されていく段階では、そういうことがあったかもしれないという判断が働いて、スターリン粛清を容認してきたという面があるだろうと思います。粛清の過程ではフルシチョフも非常に大きな役割を果たしてきただろうと思います。

編集部　そうした、粛清の縦深的展開と同時に、横の拡がりにも注意しなければならないと思います。例えば、コミンテルン関係者の粛清がそうです。三七年には、ポーランド共産党がほぼ壊滅させられてるし、三八年にはユーゴスラヴィア共産党が同じ運命に遭う。

菊地　それについては、分からないことが多すぎますね。アントーノフ＝オフセーエンコの場合は、おそらくスペイン戦争におけるソヴィエトの軍事援助の問題について明らかに不満を持っていたと僕は今考えていますが、だから、そういう発言なり、ソ連共産党宛に軍事援助の増強などを要求したことがあるのじゃないか、ソ連のスペインに対する不干渉政策、それから干渉する場合でもスペインから代償をとって軍事援助を行うとか、あるいはＰＯＵＭとスペイン共産党との対立をむしろ主要矛盾としてとらえるような動きをとったことに対する反撥とか、そういうことが全部からまって召還命令が出た事件と思いますが、全くこれは推測の域を出ないわけです。日本人もそうです。山本懸蔵の場合は、はっきりしてますが、岡田嘉子の夫の杉本良吉なんかは、まだよくわかりません。

編集部　推測といえば、政治的理由の明確でない作家、学者、軍人などの粛清もありますね。『グレート・テラー』の著者コンクェストによれば、作家ですと三四年の第一回全連邦作家大会に参加した約七百名のうち、五四年の第二回大会まで生き残れたのは五〇名ほどといわれているし、軍人も将校団は約三万五千名が粛清（年表参照）されているわけですね。

菊地　ソ連軍事出版所の出した『大祖国戦争史』という公けの資料では、赤軍将校七万五千人の三分の一から二分の一が射殺または投獄と、これはソ連側の公式発表ですから、大体三万数千名ということはソ連の方も認めている。

編集部　例えばフルンゼ陸軍大学学長のコルク将軍がトゥハチェフスキー事件で処刑されると、フルンゼ陸軍大学の教授陣、学生が一斉に粛清される、あるいは、各民族共和国の場合も政府首脳、あるいは党首脳陣が一斉に粛清されるということがありますが。

菊地　これはドライに考えれば、もっとも効率的な新旧幹部の交代、結果としてはそういう問題が出てくる。やっぱり、新しい幹部が急速にのしあがるモメントが粛清によってつくられたことは事実です。それが第一目的でないとしても、軍人の場合は、どう考えてもファシズムへの評価の違いだと思います。おそらくトゥハチェフスキーなんかは、ドイツ国防軍と非常に親密な関係にあったし、もともと、ロシア赤軍がドイツの進んだ軍事技術を自分のものとするということでワイマール・ドイツと友好を結んでいましたから、ドイツ国防軍とドイツ・ファシズムとの相克、対立の中で、やはり対ドイツ戦略というものに対して、ある程度の見通しは持ってたと思うんですよ。だからよくスターリンが、ファシズムを過少評価したといって緒戦の大敗北を喫したということはソ連も認めていますが、おそらくスターリンはファシズムをそれほど大きな敵と見なさなかったと思うんです。だから、独ソ不可侵条約を結べば、多分ドイツはソ連を攻撃しないという見通しをスターリン自身がつけた、それに対して危険を説くトゥハチェフスキーのような軍人が出てくるということは十分考えられる。トゥハチェフスキーの場合には、さらにユダヤ人ということもあったでしょうね。粛清とユダヤ人問題は多分に関係がある。これはまた、別個に論じられなくてはいけないと思います。ユダヤ人と粛清との関係をおさえれば、違った側面、つまり人種なり民族なりの側面から興味ある問題が出てくるはずです。ウクライナその他の共和国の粛清は、やはり民族独立的志向がある。ポーランドの場合もそうだが、大ロシア民族中心主義からの離脱傾向が、粛清の原因となっているわけです。また事実、ナチがウクライナを占領した時には、かなり強烈な民族独立運動があった。そうしたウクライナの民族主義はスターリンにとって脅威だったのですね。またナチに追われてソ連に避難してきたコミュニストの場合も、例えばポーランドの場合なんかは、恐らくスターリンのとったポーランド分割の密約に対するポーランド共産党員の激しい民族的反撥を押しつぶすという役割を持っていたのじゃないでしょうか。

鈴木　よく分からないのは、階層制が整序されていく過程で、ソヴィエト政権を成立させた、ボリシェヴィキの指導性の中には、吸収されるはずのない、権力構造を実体的に支えつつあった部分が、つまりソヴィエト〈志向〉がどうなってしまったか、ということです。党内闘争を粛清の問題にしてしまった内部構造ですが、それが民衆としての把え方ではないソヴィエトと理論的に、したがって政治的にどう関係しえなかったのか、という問題です。それは端的には、先ほどでてきた軍隊と各民族共和国指導者の粛清の徹底さに象徴的になっているのですが、それはその逆照射として、民衆を民衆でしかなくしてしまう隔絶装置がどうして革命の内的過程の中で働いていったのか、ということでしょう。

編集部　「ブハーリン裁判」は、ショーすなわち「見世物裁判」としてあったわけですが、当時のソヴィエトの民衆はどう対応したのでしょうか。カトコフの『ブハーリン裁判』という本に、被告たちに対する《非難決議》に聴き入るモスクワの工場労働者の写真が載っていて、皆うなだれているように見えるのが印象的だったのですが。

菊地　それは非常に重要な問題です。僕は、粛清責任ということを問題にする際には、当時の民衆がどういう態度をとったかというところまでいかなければならないと思うのです。大半の人びとは、おそらく、スパイであるとか、国家転覆を意図したというようなことはありうる、というように受けとめたことは想像にかたくない。そして、粛清が自分の身の回りにまで伸びてくるという段階になって、はじめておかしいというようにしかとらえられない。民衆にとっては、政治とはそういう形でしか具体的に実感されてこないと思うのです。これは例えば僕の戦争体験からいっても戦時において爆弾が身近に落ちてこない限りは、この戦争は絶対勝つというイデオロギーが先行しているから、敗北感など起こってこないのと同様です。どの程度民衆が積極的にスターリンに対して抗議したか、というようなことを示す事実はほとんどない。むしろ逆に、スターリンの粛清を支えることによって、ソヴィエトの国際的孤立状況を突破し、一国社会主義建設を強化しうると考えた民衆が圧倒的であったでしょう。だから《人民の敵》として逮捕された者の家族は、かりに親類縁者として逮捕されないまでも、地域社会に住むことができないほどの指弾なり、村八分的な白眼視を浴びたということは言えるでしょう。かりに被粛清者に対してシンパシィを持つ人であっても、公然たる支持をしえない、示すとかえって自分が危ないという状況が、三〇年代にはあっただろうと思います。厳密に調べたわけではないのですが、工場労働者、とりわけボリシェヴィキやコムソモールのアクティブが、被逮捕者の峻厳な処罪を要求したデモを行なっています。また、裁判所におしかけて、外から「死刑にしろ」というシュプレヒコールを行なったりしています。だから、おそらく被告およびその家族は非常に孤立した状況にあっただろうと思います。それはちょうど、現在の赤軍派やテル・アビブ事件の家族・遺族以上の、ソ連ナショナリズムの中における孤立があったと思います。遺族・家族の具体的消息ということで、日本の場合を考えてみると、岡本公三君が使った難波大助の場合、その遺族が天皇制ミリタリズムの下でどのような迫害を受けたのか、ということについてわれわれ日本人は全然知らないわけです。難波大助の家は山口県の名家で、父親は衆議院議員であったし、兄、姉がいたはずですが、それが天皇を狙撃したというだけで、おそらく一家は崩壊してしまったのだろうと思われます。おそらくそこに住めなかったのではないか。これは僕の想像ですが、もし住めたとしても封建時代の、門を矢来して閉門蟄居のような状態でしか生きることができなかったでしょう。そのようなことに関して、日本のアナキストですら、難波大助については関心を持っているのですが、その家族については全然関心を持っていないのです。ですから、難波大助の家族はどうしたのか、ということと、トゥハチェフスキーの娘がどうしたのかということは、全く同じ次元で繋がるものだと思うのです。また粛清の規模も一千万と言われていますが、未だ確定されているわけではなく、親ソ的な人でも三百万、多い人は一千二百万と言っています。

編集部 粛清者の数が一千万という形で語られてしまうかぎり、それは極めて情緒的なものに流されてしまう恐れがあると思うのです。具体的個有名詞をもつ人間一人ひとりが、粛清され、どのようになっていったのかを明らかにすることが、この粛清を解明する突破口になるのではないかと考えるわけです。例えば、菊地さんはこの間、粛清された人間で名誉回復された者のリストを作っていらっしゃるということですが、そういう意味からもこれは非常に意味あることだと思います。この本を『第三次モスクワ裁判』ではなく、あえて『ブハーリン裁判』という形で出したのも、このような意味をささやかながら込めたかったからです。

ところで「捏造ではなく、捏造を真実と把握してしまう思想構造であり、中傷ではなく密告こそが国を守り、ソヴィエトを救うという発想である」あるいは「粛清の直接の担当者たちが、自分たちの行為を真にボリシェヴィキ的である、と信じていたことが、悲劇《トラゲディエ》の発端であり、結果である」と、『歴史としてのスターリン時代』で菊地さんはお書きになっていますが、こういった内実は、現在にいたるもソヴィエトの民衆の構造を支えているのではないかと思うのです。

菊地　三〇年代の粛清というものを支えたのは民衆である、ということは、民衆自身が積極的に《人民の敵》摘発を実践したということです。《人民の敵》だという明確なメルクマールは権力の側から何も出ていないわけですから、しかもそれに対してスターリンは、一九三七年三月三日の演説で非常な危機感を助長しています。《人民の敵》とは、すでに党員証を持っているし、党の中枢部に入りこんで熱心に党活動をやっている。そういう形で、《人民の敵》というのは、最も《人民の敵》らしくない、最も忠実な、最も社会主義的な皮をかぶった人間、という定義を出したために、密告の混乱となったのです。例えば、初めて演壇に登って演説した男が、あがってしまって党の有名な幹部の名前を言い忘れてしまった時に、ただそれだけの理由で粛清されてしまうようなことがありえたわけです。それから、何人《人民の敵》を党組織に通報したかということが、党活動の一環に組み入れられていくわけです。こうなってしまうと、私事も何もかも一切が密告に利用されていくわけです。それは同時に自分自身を救うという反対給付をもつわけですね。だから、無限サイクルの形をとって密告は進行していくわけです。ですから、当時の相互不信というものは、現在まで続いていると思わざるをえないのです。

鈴木　今お話にありました民衆ということですが、党内闘争が鍾を下ろすべき政治的また社会的運動の動きとの結びつきがないところでは、党内闘争が「反対派」闘争としてなかなか権力の問題まで到達しないということがあるわけで、つまりそこでは民衆が民衆でしかなくなってしまう関係ですか、そういう関係になってしまうでしょう。

ですから裁判記録を読むと、特にブハーリンについてですが、苦渋に満ちた実存主義者の貌が浮かびあがってくるといった具合です。「政治とは運命である」という言葉を彼に引用させているように、彼が法廷の前に立つことを引き受けるという形で、彼の指導者としての、また革命家としての責任を取らざるをえないことになったということ、それが同時に彼の党内闘争の最後の姿となってしまうことを十分意識していた、ということなのです。

菊地　その実存主義者の苦渋というのはどういうことなのでしょう。

鈴木　彼が告訴箇条を論駁していきながら、基本的には自分の党内における「反対派」として担った役割を歴史的、政治的現実としては、反革命的思想なり活動なりでありうるということをある種の定式として疑いえないものとして、認めているという一つの環の中にいるということです。もちろん彼は主観的には決して反革命活動をしたという意識はないけれども、革命が抱えた問題は、彼の党内闘争に関する問題意識を遙かに越える形でつきつけられていたはずだし、彼ばかりではないのですが、帝国主義列強およびファシズムとの闘争をロシア革命の展開の中でどうするかという問題が、最後の躓きの石になってしまったわけです。

編集部　粛清の現実的な進行によって民衆は生活を含めた形で自己のありようを規定されていかざるをえない、この関係、すなわち公開裁判が一方で行なわれ、他方では新聞、ラジオなどをとおしてそれを見つめている民衆がいるという関係をもう少し煮つめていかなければならないと思うのです。さらにはブハーリンにしても「見世物裁判」に出てきた他の革命家たちにしても、何故裁判を認めたのか、ということを考えていかなくてはならない。そのことは民衆に対して巨大な影響をもつことだったと思います。つまり物的証拠がなくても民衆にとって革命家自身の自白というのは非常に生々しいものとしてあったのではないかと思うわけです。この問題に関連して、予審ないしはそうした段階における「自白」という問題がでてくると思います。クリヴィツキー（『スターリン時代』みすず書房、一九六七年刊）によると「自白した人間の数はきわめて少なかった。三つの叛逆裁判に登場した五四人の囚人一人について少なくとも百人が屈服せずに銃殺された」あるいはまた「六つのオールド・ボリシェヴィキ裁判グループのうち、屈服したのは三つだけで、他の三組は屈服せず秘密裡に処理されてしまった」というようなことがうかがえる。また自白のせまり方として、予審を認めれば公開裁判で発言を認め、そうでなければ秘密裡に銃殺してしまうと脅してもいる。クリヴィツキーのあげている自白に至る理由としては、第一にGPU《ゲーペーウー》の肉体的・精神的拷問、第二は、スターリンの秘密文庫に収められた真偽のとりまざった報告書、証拠類の存在、第三に、でっち上げ、挑発者の存在からくる絶望心、第四に、スターリンとの取り引き（自白によってさらに重要人物を連座させて、家族、友人の助命を期待する）がありますね。必ずしも、こうしたことだけではないと思うのです。たとえば、党の命令として自白書に署名せよ、といったこともあったと思います。党員と非党員の関係ですが、むしろ党員歴が長いほど自白率が高かったのではないかとも思うのです。何故、予審書に署名して裁判を「見世物裁判」として成立せしめていったのか、この場合《被告》の存在というものがなければ「見世物裁判」の意味はなくなるということを考えると、これは問題にしていかなければいけないと思うのですが……。

菊地　裁判に引き出されてきた被告たちにとって、ヴィシンスキーが一つひとつあげていく容疑を全的に否定できる立場にいない、というのは党の幹部であるかぎり、ソヴィエト社会内部で生じた諸矛盾・葛藤や反権力的動きに対する責任、コミットの事実はあるわけです。これが被告たちのウィーク・ポイントであるし、それでなければ真のボリシェヴィキではありえないということがあるのではないですか。一体歴史に対してどこまで責任をとりうるのかという点が「ブハーリン裁判」でも一貫して問われているわけで、メンシェヴィキから鞍替えしたヴィシンスキーにしろ、スターリンにしろ、歴史に対する責任の負い方という点に関しては、被告たちと同じ次元にいるわけですが、裁判という場においては、一方は検察側で、他方は被告として現われるわけです。検察、被告という対立の立場に追いこまれてしまった場合、検察側の出す歴史に対する責任の負い方という追及に対して、被告たちは当然それに対する一定の責任を是認せざるをえない立場に立たざるをえない、というのが粛清裁判の基本的構造だと思います。具体的な人的繋りとか、具体的な政策のポイントのおきかたは、全くのデッチ上げであるといえるにしても、一貫してロシア革命の時から行なわれてきたソヴィエト社会主義建設の中における路線の責任はこれを負わざるをえない、というウィーク・ポイントをつかれることによって、歴史に対する主体的責任のとりかたをギリギリまで追いつめられてきたのが、被告だと思います。ブハーリンの最終弁論における歴史に対する責任の負い方についてみても、いちばん簡単なのは、お前にも責任があるじゃないか、という言い方はできるでしょうが、裁判である以上そういうことはできない。歴史に対する最終的な責任の負い方は、ボリシェヴィキ的に解決しようとするならば、それは自白という形でしかありえない、と僕は考えます。自白することによって、自分の歴史に対する責任の負い方を天下に声明する、それと同時に、ソヴィエト社会主義とは、反権力的志向を持つ者に対していかに峻厳であるか、ということを示すことによって、社会主義の正統性を天下に知らしめるというその一点に、自分の自白の意味をかける、というかたちでしか自白の意義づけをなしえなかったのではないかと思います。「見世物裁判」に出て来るまでに、そういうギリギリのところまで追い込まれていたのは事実でしょう。それまで検察側に取られた調書をくつがえすことはできないのですから。このことについていえば、スランスキー事件の時、外務次官をしていたアルトゥール・ロンドンという人が亡命して書いた『自白』(サイマル出版会、一九七二年刊)というのが最近出版されましたが、コスタ・ガブラス監督の『告白』という映画を見て感心したのは、一日中検事に訊問されつつも、某月某日に誰かに会ったというようなことを除いては絶対に調書に署名しないわけです。このわずかに切れ切れに署名したものが繋げられて最終的には膨大な調書になって全く別の意味内容を付与されてくるわけです。このこま切れの調書の総体を被告の全く予知しえない歴史へはめこむことは充分可能だと思います。これらの被告も、こういう追い込まれ方をしていたと思います。そして最後の段階で「見世物裁判」へ出てくるわけです。もう一つは、自殺ないし銃殺という手があったと思います。事実、自殺した人間も数多くいますし、銃殺されていった人間もいます。このまま自白しなければ闇に葬るぞ、という権力の迫り方に対して、このまま闇に葬られるのが良いのか、「見世物裁判」に出て行ってそれが「見世物裁判」であるということを暴露できる万が一の可能性に賭ける方が良いのか、というおそらくギリギリの選択として被告は迫られたと思うのです。ブハーリンの場合は、「見世物裁判」に出て行って、これが「見世物裁判」であることを示す可能性に賭けたと同時に、どうせ殺されるのだから、そこにボリシェヴィキとして生存している意味を賭ける、つまり、ブハーリンがやっていないことをやったと言っても、やらないと言ったにしても、どうせ死刑になるのなら、死刑になるというかたちでボリシェヴィキの法廷がいかに反革命――ブハーリンたちは反革命でないにしても、抽象的反革命という意味で――に対して峻厳であるかということを示すことによって、ボリシェヴィキとしての最後の価値を自分の中に再発見する、というものとして裁判があったのではないだろうか。もちろん、革命家なのだから自殺・銃殺を恐れるものではないでしょうが、何故ノコノコと裁判に出て行ったのかといえば、そこまで考えて出て行ったと思います。ブハーリン個人をとれば、歴史のあり方は、プロセスとしては一つしかないのだから、あの時にこうすれば良かったという判断は沢山あると思います。例えば、農業集団化にブハーリンは反対していたわけですが、スターリンが集団化にふみきり、彼一人取り残されてしまう情況下で右翼的偏向として批判されるわけですけれども、ブハーリンにしてみれば、たとえ十七回党大会でスターリンを礼賛したとしても、農村の緊張関係は俺の言う通りやっていれば旨くいっただろう、という自負はあったでしょう。そうした農村の対立、緊張の責任を裁判の時に問われたとしたら、指導者としてはその責任を引き受けるということは当然でしょう。指導者としての責任の取り方をこの「見世物裁判」で徹底して問いつめられたわけです。その意味で完全に無実だとは言い切れない混沌が被告たちにはあったと思います。だから革命前にメンシェヴィキの側にいたではないかとか、トロツキーと何年頃につきあっていたではないか、というようなことは事実としてあることで、これは否定できない、こうしたことが三七年の段階で新しい意味づけを与えられてしまうので、それに対する責任はないとはいえないようになるわけです。

編集部　一般論としては、党は人民との緊張関係の中に成立しているといえますが、すでに一九三八年という段階では完全に民衆と党は分離されているわけです。そこにおいては、革命的な形態における党と大衆の関係、もしくは党に率いられた国家と大衆という関係はなくて、謂わば整序され制度化されたコミュニケーションしかないわけです。そうした中に「見世物裁判」が組み込まれているわけです。そこへ出て行かざるをえない。そこで被告たちが伝えんとしたことも、制度化されたかたちでしか民衆に伝えられることはないと思うのです。とすれば、ブハーリンが党あるいは国家、歴史に対する責任をとるために裁判に出てくるのはわかるのですが、民衆に対してどのような形で責任を取ろうとしたのでしょうか。ブハーリンの陳述の中では、それはどのように出て来るのでしょうか。

鈴木　彼の陳述にはソヴィエト政権と党が辿っている過程に対する指導者としての責任については冒頭から表明されているわけですが、その過程における党とソヴィエトの関係、そして指導者と民衆の関係、そう問題の立て方は見当たりません。彼は、党指導部内におけるある種の批判活動をするということに自分の立場を認め、それを貫き通した人間と思われます。そういう形で革命を支える民衆と結合しているという認識が、ソヴィエト政権に階層制度が確立していく過程で、そのような結びつき方が革命の発展に対してどう展開されるべきなのか、つまり、その階層制の根源を掘り起こす作業を進めるという方向であるよりは、オールド・ボリシェヴィキとしての責任、指導部内における批判活動の意味を追求するという方向に進んでいったことを、彼の陳述は示しているように思われます。

編集部　指導者の責任という問題が、《俺が全部引き受けて死んでやる》式のところへ流されていく危険性はあると思うのです。例えば、ルイコフとブハーリンを比べてみると、かなり違うような気がするのです。その他の人間は特にそうですが、ボリシェヴィキとして何かの場を見出したというのではなく、完全に踊っているとしか思えません。ブハーリンは、右翼派の指導者としての総体的責任を踏まえつつも、個別の事柄については断乎として否認していくわけですが、ルイコフの場合には、裁判なり、被告としての自己の存在に対する一貫した視点を持ちえないままに、ブハーリンを屈服させてゆくための例証としてヴィシンスキーに用いられてしまう。ですから、ブハーリンの場合は、前述の可能性に賭けたと思えるのですが、しかしそれが伝わらない、そうした何とも言えない苦渋があるように思えるのですが……。

鈴木　そうですね。自分が指導者として、こうした殉じ方をしたと思われてなりません。ロシア革命の展望をどこに見出したのか、ということがもう少し述べられているとブハーリンの意図したものが分かるのでしょうね。

編集部　理論的な問題としては、彼は延々と展開し、その前後に右翼的偏向云々を付け加えるわけですが、その言葉を取ってしまえば、彼の発言は、理論としては客観的に成立するものであるわけです。その中で何かを語り伝えたかったと思うのです。今の時点でヴィシンスキーに陰謀だと指摘されても、そこには関知しない、そうした諦念のようなものがあるような気がしますね。

菊地　何が誤りかということは、誤りでないものが一つあって、これに外れたものがみな誤りだということになれば、はっきりするのだけれども、歴史的な過程というのは、それが誤りであるとかないとかということは絶対に言えないものとして存在するわけです。

鈴木　権力の問題が介在すれば特にそうですね。

菊地　党内の諸グループ間の力関係によってある特定の政策がとられていった場合、必然的な過程としてそれしかなかったという位置づけがなされることはよくあります。片方はあの時こうすれば良かったと考えるわけですが、それはこの場合裁判の中ではじめて政治的決着がつくべき問題であって、ブハーリンはそれをよく知っていたと思います。右翼的偏向を認めることを前提として裁判に出て来ている、しかし自分自身はこれを認めているわけではなくて、自分の理論はそれとして開陳するわけですが、その理論をどんなに精緻に開陳しようとも裁判の進行には一切関係ないものとしてしか扱われないことも、ブハーリンは充分知っていただろうと思います。

編集部　一連の「見世物裁判」の諸外国における受けとめ方、ことに中国大陸での戦争にのめり込んでいた日本人の受けとめ方はどうだったのですか。

菊地　「見世物裁判」を誰が一番利用したかといえば、それはファシストだと思います。デモクラティックな政治体制をもつ国家がこれを有効に使ったとは思えない。むしろ反共的、反ソ的な国家がこの事件を最大限に利用したと思います。日本でもそうだと思います。赤禍というか、赤い国に対する恐怖というのは、この粛清裁判を契機にして定着していったのではないかと思われます。しかも「見世物裁判」によって打撃を受けたのは、ソヴィエトに理想の社会を見出そうとしていた人たちです。そうしたことから見ていってもこの粛清裁判の犯罪性というものは明らかだろうと思うのです。その辺を私としては事実の問題として確定したいのですが、当時のマスコミがこの事件をどのように扱ったのかを調べている段階です。現在手元にある資料（朝日新聞縮刷版昭和十三年三月）をパラパラと見る限り、現在のマスコミとちっとも変わっていません、それに比べると当時の「ニューヨーク・タイムズ」や「ザ・タイムズ」はしっかりした一つの主張があってさすがですね。

鈴木　「戦慄・独裁の矛盾」とか「革命擁護のギロチンは血に飽くことを知らない」とか「殺人鬼ヤゴーダ」とかいう表現が目立ちますね。赤い国の恐怖を植えつけると言いますか、こうしたことはソ連では日常茶飯事のことなのだという常識によりかかって、死んだと思われていたヤゴーダとかブハーリンが出て来て何を発言するのかに興味がもたれる、といった程度のものです。

菊地　日本人の立場として、こうした「モスクワ見世物裁判」を取り上げる場合に、非常に鋭角的に判断が移動してゆくんですよ。例えば三〇年代の恐らく日本人は、ああいう「見世物裁判」をやる国は恐ろしい国だと、あれは本当かもしれないというような形で、流れてゆくんです。日本は未だああいうことはしない、という形になるわけです。ところがスターリン批判後になれば、あれは無実だと、デッチあげだという形にとられてくる。どっちにしても鋭角的な事物の判断の根底に共通しているのは、本質は全然見ないということですかね。それから、日本人の体質からいっても戦前、敗戦前の、大東亜戦争＝聖戦と見なされたものが、戦後はすぐ鋭角的に侵略戦争という形できわめて簡単に定義づけられてゆく。日中国交回復なんかもそうですね。そういう鋭角的に変わる変わり方の中に「モスクワ見世物裁判」のとらえ方を、きちんと楔として打ち込むことが大切に思います。こういうことに対して民衆自身が、被告たちをむしろ孤立した方向の中におしこめていくという動きをチェックするためにも、です。民衆の動きは、テル・アビブ事件や赤軍派事件の家族たちに対してと全く同じパターンだと思います。そういうパターンを「見世物裁判」の中から引き出してきて、そして「見世物裁判」にかけられた被告たちだけではなくて残されたその遺族たちの運命というものに対する関心が、日本のそういうマイノリティとしてある人びとに対する関心と結びつかないかぎり、日本では、スターリン批判というものをなしえたとは絶対にいえない、と絶えず思っています。日本ではスターリン批判なんてまるっきりされてないといって良いでしょう。関心の持ち方からいったって、たんに流されていくだけで、時代状況の中に呑みこまれてゆくだけです。

編集部　先ほど述べられた「マイノリティとしての立場に結びつく」ということをもう少し詳しく話してください。

菊地　ワイスベルクという人の『被告』（荒畑寒村訳、新泉社刊）という本を読んでいて感じたのは、ワイスベルクというのは、オーストリア国籍の優れた科学者で共産党員なんですが、ソ連に行ってソ連の研究所で非常に良い仕事をした人です。しかし突然つかまって裁判にかけられ、アインシュタインだとかキューリー夫妻だとかいろんな人びとが動いて、アインシュタインなどはスターリンに直接に手紙を出して、そして釈放をかちとるわけだけど、そのワイスベルクが書いた『被告』というメモワールを読んでいて、彼がはっきり言っているのは、彼がどうして釈放されたかというのは、もちろんアインシュタインなどが助命嘆願してくれたということもあるけど、結局、《こいつは役に立たない、「見世物裁判」の際に役に立たない》ということを証明するかどうかにかかっている、とはっきり言ってるんですね。決してひどい拷問をされているわけではない。もちろんコンベアー・システムといって拷問システムがあって、入れ替わり立ち替わり尋問者が現われ、全然休ませないということで、だいぶ肉体的に参ってはいるけれど、終始一貫彼は、事実でないことは絶対に認めていないんですね。それがどこまで可能かどうかについては、僕には自信がない。僕は転向という問題をいつも頭に浮かべている。例えば日本の戦前の転向が、雪崩のように行なわれていくでしょう、そしてごく少数のコミュニストと、ごく少数の信仰を持っている人びとが最後まで非転向を貫くでしょう、例えば灯台社の記録（稲垣真美著『兵役を拒否した日本人』岩波書店、一九七二年）を見てみても、あれはどう考えたって原始宗教ですね、天皇よりもエホバが偉いという信仰が、五人なら五人を支えてるわけですよ。それと同じようにコミュニストだって今やっている戦争が帝国主義戦争であり、侵略戦争であるということをマルクス・レーニン主義の理論で把握して、だから俺は非転向を貫くということは絶対にありえないのであって、非転向を貫く場合には、イデオロギーとか理論とかでなく、マルクス・レーニン主義が信仰にまでアウフヘーヴェンされない限り、転向せざるをえないという状況が、一般的にあると思うんです。だから転向というのはやっぱりたえず大量的な現象であって、非転向というのはきわめてマイノリティの原始宗教的な段階のものだというように思う。これを「見世物裁判」にあてはめれば、ブハーリンが優れたマルクス・レーニン主義者であったって、それは彼が獄中で転向するとかしないとかに全然無関係で、むしろ、頭脳明晰で論理的であればあるほど、転向ということは身近の問題として起こってくるという一般性は、転向問題の場合にはあるんじゃないか。だから灯台社の人びとの信条告白などを見れば、検事とのやりとりは、全く僕らの理解を絶するようなファナティックな信仰告白ですね。だから、天皇よりエホバが偉いんだと、堂々とやりあえる。その後にどんな拷問が待ちかまえていようと、ともかく原始宗教として信仰が肉体の中に植えこまれていることが、非転向のモチーフになる。コミュニストでもそうですね。だから歴史家の山辺健太郎氏などにどうして十数年も獄中にいられたのかと聞けば、「ただコン畜生という気持だけだ」、といわれる。小さい時から「コン畜生」という気持のある者だけが非転向を通して、どんなに頭が良くて、マルクス主義に通じていたって、それは非転向には関係ないということになる。僕はそういうふうに思想というものの限界をいつも感じる。思想というものは、原始的な宗教感情にまで高まらない限りそれは、ある極限状況の中での力を持ちえない、支えにならないということを痛感するのです。そういうことを認めればなおさら転向者を転向したのはけしからんという形では批判はできない、という問題が出てくる。あの戦争中の時点で赤紙で召集され兵営に入って、灯台者の若者が兵営の中で「汝殺すなかれと聖書にあるから、私は兵器をお返しします」と返すなんてことは、気狂い沙汰ですよね。宮城遙拝という時、自分一人だけ頭をあげて拝まずにいられるということは、イデオロギーとは無関係でしょう。だから大量転向していったカトリックやプロテスタント側では、灯台社なんてのは全くプリミティヴな宗教だという。モダンになればなるほど、そうしたことは不可能になる。コミュニズムもそういうものとしてある。だから、ブハーリンが「見世物裁判」に出てきたからどうだということは、その前にブハーリンがコミュニズムというものを、あるいはソシアリズムというものを、原始宗教の段階にまで昴めていなければ、どんなでも変わりうる。自殺ということは肉体的な死を意味するけれども、それは結局言語的にいえば永遠の沈黙ということなので、沈黙それ自体は、捏造を認めたというように権力が宣伝するか、あるいはそれが権力に対するプロテストであるというようにとるか、これはもう権力の裁断に委ねざるをえないわけです。恐らく権力は、罪を認めて暴露されたがために自殺したととることは十中八九間違いないということぐらいはブハーリンは知っているわけだから、だから「見世物裁判」に出ていって自分の論理を開陳しよう、論理は転向と関係ない次点で論理だけは展開できる、と考えたことはあったと思いますね。

編集部　ブハーリンの陳述の背後に彼がこめたものを受けとめ、執拗に反芻することが現代の私たちの退けない一線であるとしても、やはり、ブハーリンなどの革命家の被告としての責任を追及したいという思いは捨てられないわけです。

菊地　粛清責任のとり方の問題ですが、各人は実に忠実にその職務を果たしていたのではないですか。アレクサンダー・ワースが『ロシア――その希望と懸念』（内山敏訳、紀伊國屋書店、一九七〇年刊）の中で書いているのですが、モスクワ河で悠然と釣糸を垂れている老人と話してみたら、なんと有名なコルイマ強制収容所の副所長だったわけですね。ワースが「貴方は強制収容所で死んでいった無実の者たちに対して責任を負わないのか」ときいたら「自分のところに送られてきた囚人たちに対しては、自分は強制労働に就かせる任務を帯びていた。囚人たちが無実かどうかは、その前の段階で決めるべきであって、自分のところに有罪として送られてきた以上、有罪者として扱うのが当然である」と反駁されているんです。ちょうどアイヒマンと同じ歯車説ですよね。上から下へくる命令というのは、実際には、有罪として法廷で判決を下され懲役で強制収容所にブチこまれるという場合には、横のつながりになってくる。そうなるともかく部分部分で、ミミズじゃないけれど、一つひとつ環節が切れても動くようになっちゃっていて、隣から運ばれてきた者については、徹底的にそこである一つの任務を完遂すると、また、そこから隣へ移動した者についてはまたその部分で徹底的に任務を完遂するという形でスターリニズムというのは成り立っていたと僕は思うんです。だからそれはアイヒマンの論理と全く同じであり、ファシズムを支えた理論とスターリニズムを支えた理論とは本質的には全く同じと思うんです。それは無責任の理論である。逆に粛清された人びと、あるいは粛清で青春を失った人びとが告発すれば、それは今の場合の逆になるのであって、どんどん下から上へと責任の転嫁が繰り返され、最後は何もなくなり、責任のとりようがなくなってしまい、これは全部スターリンが悪い。「国家」が悪かったということになる。そう言ったのが、フルシチョフの秘密報告における論理ですね。フルシチョフなどは、スターリンの粛清においては、最もアクティヴでしたね。そのフルシチョフですら責任をスターリンにまで持ちあげている。だから中国が非難するのは、そこなんであって、中国共産党はスターリンの手によってかなりやられたということは認めてますよね。コミンテルンの誤りが中国共産党に甚大な損害を与えたということも認めているけれど、それは中国自体の問題だ、中国自体にそういう弱さがあったからそういうことをやったんだ、だからそれはスターリンの責任ではないという逆転の仕方をする、僕はそれはそれなりに筋が通っていると思う。ところが御本家であるソ連が、どんどん責任を上へもちあげていって、全部スターリンの個人的資質だ、というそういうスターリン批判だったら、これは批判をやっていることにならない。アイヒマンだってそうでしょう。最後まで無罪を主張する。

編集部　どこで、こうした悪無限的な環を断ち切ってゆくのか、という問題が起こってくるんですが……こういう設問自体が、おし込まれた地点からの発想となるんですけれど。被告も検察側も、あるいは存在することでそうした時代を支えた民衆も、そして時間的に空間的に隔たった私たちも、すべてが被害者であり加害者でもあるとすれば、どこでこれを断つのかということですが。

菊地　僕は最低、これはかなり精神的な問題になってしまうけれど、歯車としての責任ということはありえないと思う。歯車だから責任はなかったという論理は絶対に成り立たないと思う。歯車ならば、歯車としての機能、どんな小さな歯車でもそれが止まれば、全体の運動がそこでストップできるというような側面があるから歯車というんです。だから歯車として責任のがれをするということは、論理的にいえば成り立ちえない。それをつきつめてゆくと結局、個的な判断に従って生きるということしかないだろうけれど、しかしその個的判断というのは、ものすごいマイノリティ、つまり今のソ連の反体制知識人のように――

これを反体制というのはおかしいんであって、アンチ社会主義ではない、現在ある体制にアンチなのであって、彼ら自身はサハロフ博士もはっきり言っているように、より良き社会主義をめざして、今の体制はいけないという意味でアンチなんですけど——二億の人間の中で本当に指で数えるような少数がプロテストしている。あの重圧というのは大変なものですよね。しかしあの重圧は大変であるにしても、その二億なら二億の人口に対して耐えぬいている数十人なら数十人の知識人というものが、はじめて粛清責任というものを免れうる、という考えなんですね。灯台社の問題でも、リーダーの明石順三が裁判の中で「この闘いは一億対五人の闘いだ」とはっきり言っていますね。一億の中には一億国民が入っているわけですが、五人というのは灯台社の五人なんですね。明石と夫人の静栄さん、忠実な女の信者、隅田好枝さん、二人の朝鮮人、崔容源、玉應連さんです。一億対五人の戦いでは、現世の勝ち負けは、はっきりしている。だけど一億人に対して五人が対極にいることによってはじめて一億の原罪というか、一億の犯罪的行為というものがはっきりしてくるわけだと思う。しかしそれは一億対五人でなく一億対一人になっても、なされなくてはならない問題だと思う。そうなってくると個の判断というのは、大情況に追従しないためにも、ナショナリズムにまきこまれないためにも、いかに大切かということを最近身にしみて感じています。しかし「個」になってしまったら気狂いですよ。気狂いというのは多数対少数で決まるのであって、気狂いが沢山いればかつての「気狂い」が正気になるわけです。ですから一億対五人ということになれば、五人は《人民の敵》どころではなく気狂いになるわけで、気狂いだから精神病院行きになるわけです。今のソ連の精神病院行きというのはそういう論理でいっているわけです。医者が医学的に判断して正気でも、二億にたてついている者はどこか精神異常だと判断せざるをえないわけでしょう。チェーホフの『六号室』をレーニンが読了した後、頭をかきむしって「恐しい話だ、ロシアはまさにこうした状態だ」と言ったそうですが、院長が患者と話していく過程で、患者の方が正しく見えてくると、気がついた時には白衣を脱がされ、シマ模様の服を着せられて檻に入れられているという話は、正気と狂気、正常と異常という問題を非常にうまく表現していると思います。こういうふうにとらえると、一億対五人という、あるいは一億対一人という段階でも、歯車としての責任は負わない、それをはねのける、という立場でしか、スターリン批判というのは成立しえないと思います。そうでなければ日本的アイヒマンにならざるをえない、そういう二者択一を我々は現在迫られていると思います。

鈴木 我々が耳にする段階で、ソ連の知識人問題として取り上げられるわけですが、もうひとつ、ロシア以外の民族主義的な志向の問題という、二つの現われ方で知るわけですが、その両方とも基本的に菊地さんがおっしゃった個の問題からはその通りですが、それがあたかも知識人の問題であり、民族共和国の問題であるかのように取り上げられ、論じられたりするということは非常に不幸なことではないかと思います。革命を支える思想なり、現実的な社会・政治的関係を考えてみて、現在、ソヴィエトの中で思想的にも政治的にもスターリン批判をするということはどういう形でありうるのか、ということを考えると、知識人が表現とかの問題で異常者呼ばわりされるという形が本当に現状なのだろうかということが、よく分からないところがあるのです。そうではないところがあるのではないかと思う面もあるのです。実際には、そういうふうにさせている、またある種それを掘り崩そうとするところが、逆に知識人が突っ込んでいくと出てくる面があるわけですし、実は何かの形で出ているのかもしれないが、それを他に分かってくる形の政治運動なり思想運動として推進する部分が出ていないということなのでしょう。ハンガリー事件との関連で考えても、重く沈んでいたわけで……。

菊地 その通りですが、組織というものがもつ宿命的運動の論理というものがありますよね、組織の中で異端を唱えると、それは排除すべきもの、抑圧すべきものとしてしか運動は発展していかないという面がありますが、その場合、前衛党の論理では、少数派の意見は尊重するが、しかしデモクラティックな論争の果てに少数と多数に分かれた場合少数は多数に従う、しかし少数の意見を尊重するということは、少数の側に真理があるかも分からないという可能性を選択しているわけです。しかし、それはきれいごとの表現であって、組織運動の論理としては、運動形態からみて鉄の如き団結ということが一番効率の高いものですから組織と個というものがもつ不可避的な抑圧従属の宿命というものは永遠に続くと思うのです。組織のもついわゆる組織悪、それを国家にまで拡大すれば国家悪となるもの、それをチェックするには個のレジスタンスしかない。ですから、個のレジスタンスを保障する直接民主主義という形態が確立されない限り、組織悪なり国家悪なりというものはある神聖な役割というレッテルを負い続けることになるだろうと思うのです。スターリンの粛清というものはロシア的アイヒマンの存在を容認した、社会主義の下におけるアイヒマン的存在を根絶するための方針をスターリン批判の中で打ち出してはいない。全くアイヒマン的な論理をスターリンの粛清責任の場合にも適用しているということは言える。現在僕たちがスターリンの粛清責任を問うという場合には、まさに日々のわれわれの問題として、歯車だったのだから仕方がないということによって、問題を回避してはならないと思うのです。スターリン粛清に関して関心をもつというのはまさに現代の課題であるし、組織悪、国家悪に対する責任の取り方を生の形で提出している。それを現代の日本に生きるわれわれが、どこまで自分の論理の中に組み込んで、歯車だったからやむをえない、という論理を乗り超えられるかという形で取り組むことにスターリン批判の意味があるし、これは、ソ連がやらないから駄目だというような論理ではなくて、日本でやれば良いことだ、と僕は考えます。

編集部　どうもありがとうございました。

（終）

訳註

（一）ブハーリン　本書一七五頁「ブハーリンの略歴」を参照。

（二）ルイコフ　古参ボリシェヴィキ。一九〇五年以来中央委員。二月革命後はモスクワ・ソヴィエト指導者。十月革命後、初代内務人民委員、最高経済会議議長。内戦期には、食糧調達責任者として赤軍の勝利に貢献した。レーニンの後を受けて二三年から人民委員会議議長となるが、右翼反対派の敗北で三〇年に解任され、逓信人民委員に格下げされる。三四年再度中央委員となるが、三七年四月逮捕される。

（三）ヤゴーダ　一九〇七年入党。一三年にはプチロフ工場で活動。内戦では南部・東部戦線に従軍。二〇年、チェー・カー幹部となり、二四年よりオーゲーペーウー長官代理、二九年頃、右翼反対派シンパとして左遷されるが、三四年にはNKVD長官となる。三六年解任され逓信人民委員に格下げ、翌年七月に逮捕さる。

（四）クレスチンスキー　一九〇一年以来の社会民主主義者。〇七年から一七年にかけて「プラウダ」、「ズヴェズダー」に執筆、ボリシェヴィキの第四国会候補にもなる。十月革命後、財務人民委員、スヴェルドロフの死後、党中央委員会書記となる。二一―三〇年駐独大使。後に外務人民委員代理となる。二〇年代にはトロツキー反対派に属す。

（五）ラコフスキー　ブルガリア生まれ。ルーマニア、ブルガリアを中心に革命運動に従事する一方医学の学位を得る。革命後、ウクライナ共和国人民委員会議議長となり、一八年以降は中央委員。駐英、駐仏大使として活躍後、二七年トロツキー反対派として追放さる。三四年復党後、国際赤十字会議首席代表として来日（三五年）、これをもって日本のスパイとして告発される。

（六）ローゼンゴリツ　十月革命時、モスクワ革命軍事委員会のメンバー。内戦でも活躍。二〇年代にはトロツキー反対派だったが、二九年にスターリン派に移り、外国貿易人民委員となる。

（七）イヴァノフ　一九一五年ボリシェヴィキに入党。一八年には左翼共産主義者に属す。北カフカーズ党委員会第一書記（二八年）などを経て、三六年、林業人民委員となる。

（八）チェルノーフ　メンシェヴィキから二〇年にボリシェヴィキとなる。ウクライナ共和国商業人民委員（二八年）、全連邦商業人民委員代理（三〇年）などを経て、党中央委員、農業人民委員（三二年）となる。

（九）グリンコ　当初ボロティバ党（ウクライナ社会革命党左派）に属し、革命後ボリシェヴィキと合流。ウクライナ共和国教育人民委員などを経て、ゴスプラン副議長となり、第一次五カ年計画の立案にあたる。三四年に中央委員となり、最終経歴は、財務人民委員。

（一〇）ゼレンスキー　一九〇六年以来サマラで革命運動に参加。逮捕・流刑を繰り返した後、一八―二〇年までモスクワで食糧供給事務に携わる。二一―二四年はモスクワ党委員会書記、中央委員となる。二四年、党中央アジア・ビューロー書記。三一年に消費協同組合議長に就任。

（一一）ベッソノフ　革命前は社会革命党員。ブレスト講和に反対したが、二〇年入党。三一年より駐ベルリン通商部首席代表兼駐ベルリン領事。

（一二）イクラモフ　ウズベキスタンの民族主義的合法青年組織からボリシェヴィキへ入党。二三年にトロツキー反対派となり、ウズベク共和国首班ホジャーエフと抗争。三七年には、ウズベク共産党書記長。

（一三）ホジャーエフ　一九一六年に生地ブハラで非合法活動を開始し、一七年に「若きブハラ党」を創立、二〇年、赤軍の援助を得てブハラ人民共和国（後に再編してウズベク共和国）の首班となる。右翼反対派のシンパとしてイクラモフと抗争。

（一四）シャランゴヴィチ　白ロシア生れ。赤軍に入って対ポーランド戦に参加。白ロシア共和国で労働組合の行政指導を行なう。白ロシア共産党中央委員を経て、三七年には第一書記となる。

（一五）ズバレフ　ウラル出身の農務官僚。農業人民委員部播種局を経て、ロシア共和国農業人民委員部勤務。

（一六）ブラノフ　一九二九年から三六年まではヤゴーダの個人秘書。ヤゴーダ失脚後は三七年三月に逮捕されるまで内務人民委員部に勤務。

（一七）レーヴィン　医師。一八九六年以来モスクワ労働者病院に勤務。革命後赤軍付医師を経て、二〇年にクレムリン病院長となる。レーニン、ジェルジンスキー、メンジンスキーなどの治療にあたる。ゴーリキーの侍医もつとめた。

（一八）プレトニョフ　医師。ロシア最高の心臓病専門家といわれる。革命前はカデットに属していたが、一七年以降、クレムリン付となる。

（一九）カザコフ　医師。独自の解熱療法を考案して、三〇年代初頭にメンジンスキー、ラコフスキーなど多くの要人を診た。

（二〇）マクシモフ＝ヂコフスキー　一九一八年入党。内戦で数度白軍の捕虜となる。オルガナイザーとして工場内で活動した後、クイブヴィシェフ（政治局員、ゴスプラン議長）の秘書となる。

（二一）クリュチコフ　マクシム・ゴーリキーの個人秘書兼執事。

（二二）キーロフの暗殺　本書二〇五頁および二二二頁を参照。

（二三）リューチン綱領　党モスクワ機関指導者リューチン（中央委員候補）が中心になって作製、回覧した秘密綱領で、経済分野では右翼反対派が、党体制への批判ではトロツキー反対派が正しかったことが証明されたとして、①経済政策の緩和②工業投資の縮少③集団農場よりの農民の解放④トロツキーを含む除名者の即時復党⑤スターリンの追放などをうたっている。本書二〇四頁参照。

（二四）一九一八年　ブレスト講和をめぐって、三月に第四回ソヴィエト大会が臨時に召集されたが、講和絶対反対を唱える左翼エスエルはソヴィエト政府より脱退し、さらに講和批准のために七月五日第五回ソヴィエト大会が召集されるや、翌六日、左翼エスエルは、モスクワでドイツ大使ミルバッハを爆殺し、いわゆる「左翼エスエルの叛乱」が起こる。これで、叛乱前の左翼共産主義者グループと左翼エスエルとの共同歩調は完全に破れた。そのうえ、チェコ軍団の叛乱によりヴォルガ以東が反革命軍の手に陥るという中で、レーニンの政府が、党内外からの攻撃を受けた危機的な時期を指す。

（二五）左翼共産主義者　一九一八年一月のブレスト講和に関するレーニンの「単独・併合主義的講和の即時締結」に対して「対独革命戦争の遂行」を主張したブハーリンを中心とするボリシェヴィキをさす。ブハーリン、ラデック、ウリツキー、ヤーコヴレヴァ、スツコフ、オシンスキーなどが、党モスクワ地方ビューローによって機関紙「コミュニスト」を通じて激しい論陣をはった。

（二六）公式　彼は一九二八年九月三〇日付の「プラウダ」に『一経済学者の手記』を発表しているが、その内容を指しているものと思われる。

（二七）バスの中のチェルノーフ……　検事ヴィシンスキーは訊問の際、チェルノーフがドイツ出張のおりメンシェヴィキのダンと密会し、酔った挙句に帰途のバスの中で警官と喧嘩して留置され、そこでドイツのスパイになった、という陳述を得ている。

（二八）一九二八年綱領　前出の『一経済学者の手記』を指すものと思われる。

（二九）トロツキー派＝ジノヴィエフ派　本書二〇七頁参照。

（三〇）馬と道路建設　訊問の際、ルイコフはゴロデードから聞いたこととして、ポーランド間諜の指示により、馬と牛に損害を与えることによって、道路建設を妨害し、ソ連邦国境守備のための軍隊の移動を阻害したと証言している。

（三一）日本の二つの新聞　ヴィシンスキーは論告で、「計画および予算委員会」の秘密会合を報道した「ミヤコ」なる東京の新聞（一九三七年、二月二〇日付）の抜粋から、陸軍大臣杉山大将が代議士吉田の質問に対して、シベリア鉄道の輸送能力など、その軍事的情報を系統的に得ていること、またそれを現ソヴィエト政府の反対派の一部から得ていると答弁したことを、引用している。

もう一つは「ジャパン・タイムズ」（外務省省報）がその社説（一九三七年二月）で、日本とドイツがソヴィエト・ロシアに関する軍事的に重要な情報を得ていることを事実であると報じた記事を引用している。

（三二）フォイヒトヴァンガー　彼は一九三六年にモスクワを訪れ、第二回の見世物裁判（ピャタコフ・ソコリニコフなどの並行本部事件裁判）を目撃し、スターリンと二度会見している。その裁判報告を西欧向けに、審理を威厳に満ちたものとして主観的に記述した。ブハーリンがこれをたまたま読んだというのは、誰かが恣意的に読ませたということも考えられるが、結果的にはその人の意図にかかわりなく、ブハーリンは自分の裁判の公表された形を想像して、裁判に対する態度を決定する意味で、深い印象を受けたものと思われる。

訳者あとがき

本書の裁判記録のテキストは、

REPORT OF COURT PROCEEDINGS IN THE CACE OF THE ANTI-SOVIET "BLOC OF RIGHTS AND TROTSKYITES", Published by THE PEOPLE'S COMMISSARIART OF JUSTCE OF THE U.S.S.R. MOSCOW,1938.（英語版・ロシア語版同時刊行）であるが、内容はブハーリンに対する二回の訊問と彼の最終弁論の部分を全訳し、他は記録の順序を表示し要約を付けるに止めた。訳出に当たってロシア語版を参照できなかったことから、訳語の選択に困難を感じた個所があったことを付記しておきたい。

トロツキーの論文については、Роль Генриха Ягоды, Итоги процесса, Сппозин и Гитлер, “БЮЛЛЕТЕНЬ ОППОЗИЦИИ” No.65. 1938Г. Paris. から訳出したものである。この部分は守谷貴嘉氏が担当された。

本書が「ブハーリン裁判」と題された理由については、巻末の鼎談に触れられているが、編集部も訳者も裁判記録を全訳してドテーッと放り出したかったことに異議はない。もちろん我々にとって、ブハーリンの思想を、革命の内的プロセスの中で、つまり革命を担う人々が内的プロセスそのものから生成を繰り返すことを欠如させていく現象の中でどのように確定していくかという作業などはまだ残されているのであるが。

一応の手仕事が終わった今になって訳者は編集部の企画の意味と視角が分かりかけている状態であり、裁判記録の部分に係わったにすぎない訳者としては、共同作業のこのあらわれ方に対し、天野、前田両氏の前に黙って立っているしか仕方がない。

最後に、資料に関する教示、全般的な助言および表記に関する忠告をいただいた、菊地昌典氏並びに藤本和貴夫氏に感謝の意を表したい。

一九七二年九月九日　鈴木英夫

†復刊ライブラリー

ブハーリン裁判

2018年1月31日　第1刷発行

編　著　ソ連邦司法人民委員部／トロツキー

訳　者　鈴木英夫

発行所　株式会社風塵社《ふうじんしゃ》
〒113‐0033　東京都文京区本郷3‐22‐10
TEL 03‐3812‐4645　FAX 03‐3812‐4680

印刷：吉原印刷株式会社／製本：鶴亀製本株式会社
装丁：閏月社

†復刊ライブラリー

『赤軍と白軍の狭間に』（トロツキー著、楠木俊訳）

2017年7月末刊行、本体2500円＋税　ISBN4-7763-0069-4

内戦末期、レーニン“最後の闘争”となるグルジア（現ジョージア）問題に直面したトロツキーの逡巡と確信。現在のコーカサス紛争に連なる歴史的文脈で、トロツキーは西側を激しく糾弾する。

『赤軍　草創から粛清まで』（ヴォレンベルク著、島谷逸夫・大木貞一訳）

2017年8月末刊行、本体2500円＋税　ISBN4-7763-0070-0

帝政ドイツの突撃隊隊長として第一次大戦を戦い、戦後はドイツ人共産主義者としてソ連軍に入り教官になった著者が、ロシア内戦から、ソ連・ポーランド戦争、赤軍大粛清までを語りつくす。スターリンの影はどのように赤軍を変質させたか？

『赤軍の形成』（レーニン、トロツキー、フルンゼほか著、革命軍事論研究会訳）

2017年9月末刊行、本体2500円＋税　ISBN4-7763-0071-7

赤軍はいかに形成されたのか。1917年から21年におけるロシア革命の動態の中で、党大会を基軸とする建軍への苦闘や論争を追跡した。いかにして労農赤軍を再組織化するか。レーニン、トロツキー、フルンゼらの論考を紹介。

『マフノ叛乱軍史』（アルシーノフ著、奥野路介訳）

2017年11月末刊行、本体2800円＋税、ISBN978-4-7763-0072-4

赤軍、白軍、民族派軍相撃つウクライナの人民深奥部に根を下ろし、ロシア革命の帰趨を凝視しつつ《呪縛の革命期》を疾走し去った幻の人民軍の幕僚の残した血書。リアルタイムでは大杉栄も注目したマフノ運動の全貌が明らかに！

『クロンシュタット叛乱』（イダ・メット／トロツキー著、蒼野和人／秦洋一訳）

2017年12月末刊行、本体2500円＋税、ISBN978-4-7763-0073-1

内戦勝利後のボリシェヴィキ第10回党大会直前の1921年、かつて革命の原動力となったクロンシュタットの水兵たちの不満が高まり蜂起へといたる。戦時共産主義を廃止し「革命の革命」を求める彼らは、仮借なき弾圧を受ける。

『ブハーリン裁判』（ソ連邦司法人民委員部編ほか、鈴木英夫訳）

2018年1月末刊行、本体2500円＋税、ISBN978-4-7763-0074-8

革命はいかに扼殺されたのか。スターリンによる見世物裁判で「ドイツ、日本、ポーランドの手先」として、党内有数の理論家と目されていたブハーリンは1938年銃殺刑に処せられる。スターリンの絶対支配が確立し、革命は終焉した。

（全巻、46判ソフトカバー）